Mirys invenit. J.B. Massard Sculpsit

Nous recevons de la famille d'Architas, le même accueil hospitalier que nous aurions reçu de cet ami, s'il eût été présent.

VOYAGE
DE PLATON
EN ITALIE;

TRADUIT EN ITALIEN PAR VINCENT CUOCO,

SUR LES MANUSCRITS GRECS TROUVÉS DANS ATHÈNES;

Et de l'Italien en Français,

PAR B. BARÉRE, MEMBRE DE PLUSIEURS ACADÉMIES.

> Platonem atheniensem Tarentum venisse, L. CAMILLO, APP. CLAUDIO consulibus, reperio.
>
> CICERO, *de Senectute*.

TOME PREMIER.

PARIS,
CHEZ ARTHUS-BERTRAND, LIBRAIRE,
Acquéreur du fonds de Buisson, rue Hautefeuille, n.° 23.
1807.

Voyages qui se trouvent chez le même Libraire.

Voyage dans l'intérieur de la Chine et en Tartarie, fait dans les années 1792, 1793 et 1794, par lord *Macartney*, ambassadeur du roi d'Angleterre auprès de l'empereur de la Chine, traduit de l'anglais, avec des notes, par *J. Castéra*, auteur de l'histoire de Catherine II. Cette troisième édition est augmentée d'un volume de texte, et de 34 nouvelles planches, 5 vol. *in*-8.; avec une collection de 37 planches et 4 cartes, dessinées à Londres, et supérieurement gravées en taille-douce par *J. B. P. Tardieu.* 28 f.

On vend séparément le tome V, de 400 pages *in*-8., avec 32 nouvelles planches qui s'adaptent à la première édition, en 4 volumes. 10 f. 50 c.

Voyage en Chine, formant le complément du voyage de lord Macartney, contenant des observations et des descriptions faites pendant le séjour de l'auteur dans le palais impérial de *Yuenmin-Yuen*, et en traversant l'empire chinois, de Pekin à Canton; par *John Barrow*, attaché à l'ambassade anglaise en Chine, en qualité d'astronome et de mécanicien, et depuis secrétaire de lord Macartney au cap de Bonne-Espérance:

Suivi de la relation de l'ambassade, envoyée en 1719 à Pekin par *Pierre premier*, empereur de Russie:

Traduits de l'anglais, avec des notes, par *J. Castéra*, traducteur du voyage de lord *Macartney*, en Chine et en Tartarie;

3 vol. *in*-8. de 1300 pages, avec un atlas *in*-4. de 22 planches. 20 f.

Voyage dans les quatre principales îles des mers d'Afrique, fait par ordre du Gouvernement pendant les années IX et X (1801 et 1802), avec l'histoire de la traversée du capitaine *Baudin* jusqu'au port Louis de l'île Maurice; par *J. B. G. M. Bory de Saint-Vincent*, officier d'état-major, naturaliste en chef sur la corvette *le Naturaliste*, dans l'expédition de découvertes, commandée par le capitaine *Baudin*;

3 vol. *in*-8. de 1360 pages, avec un vol. grand *in*-4. de 58 planches, contenant des cartes géographiques et physiques, des vues maritimes, sites, animaux, plantes, minéraux, volcans. 48 f.

Les voyageurs en Suisse, par M. *de Lantier*, auteur des voyages d'Anténor, 3 gros vol. *in*-8., avec le portrait de l'auteur, gravé par *Gaucher*. 15 f.

Voyages d'Anténor en Grèce et en Asie, avec des notions sur l'Égypte, manuscrit grec trouvé à Herculanum, traduit par M. *de Lantier*; huitième édition, revue, corrigée et augmentée par l'auteur, 3 vol. *in*-8., avec 3 très-jolies gravures. 11 f.

— Les mêmes voyages, en 5 vol. *in*-18, septième édition, avec 5 jolies gravures. 6 f.

Voyages dans l'Asie Mineure et en Grèce, dans les années 1764, 65 et 66, par le docteur *Richard Chandler*; traduits de l'anglais, avec des notes, par MM. *Servois* et *Barbié Dubocage*, avec deux cartes et un plan de la ville d'Athènes, 3 vol. *in*-8., 1806. 18 f.

Voyage aux Indes Occidentales et à la Chine, fait par ordre de Louis XVI; par *Sonnerat*, 4 vol. *in*-8. et atlas *in*-4. de 140 planches; nouvelle édition. 60 f.

Voyage dans les Alpes; par *de Saussure*, 4 vol. *in*-4., avec figures. 50 f.

Ambassade au Thibet et au Boutan, contenant des détails très-curieux sur les mœurs, la religion, les productions et le commerce du Thibet, du Boutan et des états voisins; et une notice sur les événemens qui s'y sont passés jusqu'en 1793, par M. *Samuel Turner*, chargé de cette ambassade; traduit de l'anglais avec des notes, par *J. Castéra*, 2 vol. *in*-8., avec un volume *in*-4. sur grand-raisin, contenant 15 planches, vues, monumens, hiéroglyphes, plans, animaux, cartes géographiques, etc. dessinés sur les lieux, et gravés en taille-douce par *Tardieu* l'aîné. 12 f.

Relation de l'ambassade anglaise, envoyée en 1795 dans le royaume d'Ava ou l'empire des Birmans, par le major *Michel Symes*, chargé de cette ambassade; suivie d'un voyage fait en 1790 à Colombo, dans l'île de Ceylan et à la baie de Da Lagoa, sur la côte orientale de l'Afrique; — de la description de l'île de Carnicobar et des ruines de Mavilipouram: traduits de l'anglais, avec des notes, par *J. Castéra*, 3 vol. *in*-8., avec un volume grand *in*-4., contenant 50 belles planches, vues marines, plans, portraits, costumes, monumens, hiéroglyphes, plantes, animaux, cartes géographiques, gravés en taille-douce; par *J. B. P. Tardieu* l'aîné, *Niquet, Delignon, Delvaux;* dessinés sur lieux et sous les yeux de l'ambassadeur. 24 f.

Voyage dans la Haute et Basse-Egypte, fait par ordre de l'ancien Gouvernement (sous Louis XVI), et contenant des observations de tous genres; par *C. S. Sonnini*, ancien officier et ingénieur de la marine française, membre de plusieurs Sociétés savantes et littéraires, et l'un des collaborateurs de Buffon pour la partie ornithologique, 3 vol. *in*-8., avec un vol. *in*-4., renfermant une collection de 40 planches, gravées en taille-douce par *J. B. Tardieu*, contenant des portraits, vues, plans, carte géographique, antiquités, plantes, animaux, etc. dessinés sur les lieux, sous les yeux de l'auteur. 21 f.

Voyage à Surinam et dans l'intérieur de la Guiane, contenant la relation de cinq années de courses et d'observations faites dans cette contrée intéressante et peu connue, avec des détails curieux sur les Indiens de la Guiane et les Nègres; par le capitaine *J. G. Stedman;* traduit de l'anglais par *P. F. Henry;* suivi du tableau de la colonie française de Cayenne, par le traducteur; 3 vol. *in*-8., avec un vol. *in*-4., renfermant une collection de 44 planches gravées en taille-douce, contenant des vues marines, cartes géographiques, plans, portraits, costumes, animaux, plantes, etc. dessinés sur les lieux par *J. G. Stedman.* 28 f.

AU LECTEUR.

Le manuscrit grec dont je donne ici la traduction fut retrouvé par mon aïeul en l'an 1774, en faisant les fondemens d'une maison de campagne qu'il voulait faire construire sur le sol où fut jadis Héraclée. Chaque partie de l'Italie méridionale renferme dans son sein un immense trésor d'antiquités ; et il y en aurait pour nous une moins grande pénurie, si les propriétaires n'étaient pas aussi négligens que le sont les riches possesseurs du territoire sur lequel était placé *Pestum*, lieu où aujourd'hui l'on ne trouve pas même une auberge pour mettre à couvert ceux qu'une curiosité digne d'éloges appelle de toutes les parties de l'Europe les plus lointaines, pour visiter les ruines respectables de la plus ancienne ville d'Italie. *

* *O domus antiqua, heû quàm dispari dominari domino!*

Mon aïeul, homme très-versé, comme on le sait, dans la langue grecque, traduisit le manuscrit. Mais il avait juré de ne point le publier; et s'il vivait encore, ce manuscrit ne verrait pas le jour. Quel que soit le jugement que le public prononcera sur cet ouvrage, ainsi que sur tout le mal et tout le bien qu'il pourra produire, il faut l'attribuer à la mort de mon aïeul et à ma désobéissance à ses dernières volontés.

A quoi bon, me disait-il, rappeler aujourd'hui aux Italiens qu'ils furent autrefois vertueux, puissans, heureux? maintenant ils ne le sont plus. A quoi bon leur rappeler qu'ils furent les inventeurs de toutes les connaissances qui ornent l'esprit humain? Aujourd'hui c'est une gloire en Italie de s'appeler disciple des étrangers.

J'ai pensé différemment que mon aïeul, et je me suis décidé à publier ce manuscrit.

Je ne vous ennuierai point par de longs discours pour en démontrer l'*authenticité*. Tout ce que je pourrais vous dire, se réduirait à vous prouver l'existence du manuscrit *autographe*. Or je conserve le manuscrit de mon aïeul, et je suis prêt à le montrer à celui qui serait curieux de le voir. Qui ne sait qu'Héraclée fut une ville placée entre Turium et Tarente, dans le lieu que nous appelons aujourd'hui *Policoro;* et que dans son territoire on a retrouvé beaucoup de monumens antiques, et entr'autres les tables célèbres commentées par l'illustre *Mazzocchi?* Et qu'y a-t-il d'étonnant à ce que là où l'on a trouvé tant d'autres monumens, on ait encore trouvé celui-ci?

Nous savons que Platon alla voyager en Italie. Ce fait est attesté par Apulée, et par celui dont les paroles sont plus authentiques encore que celles d'Apulée, par Cicéron. Il sera démontré, par une infinité de traits conformes aux passages des plus célèbres écrivains de la Grèce et de Rome, que ce manuscrit est conforme à toutes les traditions que l'histoire nous a transmises.

Cicéron nous a conservé la mémoire d'un

dialogue sur la vertu, qui a été fait à Tarente entre *Architas*, *Platon* et *Pontius-le-Samnite.* Nous avions appris de Plutarque que Platon n'avait jamais approuvé le projet de Dion, d'établir le gouvernement populaire à Syracuse; mais on ignorait les motifs qui avaient porté Platon à n'être pas de l'avis de Dion.

Nous savions que Platon avait eu avec Denis une longue conférence, dans laquelle ils avaient disserté sur le bonheur; mais nous ne connaissions pas ce qu'il lui avait dit. Aujourd'hui ces discours se trouvent en entier dans ce manuscrit. On y parle d'*Architas*, de *Timée*, d'*Ocellus*, d'*Alexide*, etc. etc.; ils y sont représentés tels que nous les connaissions par l'histoire, ou par les fragmens de leurs ouvrages qui sont parvenus jusqu'à nous.

J'ai remarqué plusieurs passages que Virgile a ensuite imités littéralement, tels que le discours par lequel le samnite Pontius, en parlant de ses ancêtres, les appelle : *Nation barbare, née des troncs durs des arbres.* Ces passages et mille autres semblables que le lecteur pourra observer par lui-même, démontrent à la fois le prix et l'*authenticité de ce manuscrit.*

Je ne dirai rien pour le vanter : le seul nom de son auteur, ou du moins du personnage principal, suffit pour en faire l'éloge. Je parlerai seulement de ce qu'on y a ajouté.

Outre le grand nombre de citations, et je dirai presque de *concordances* avec les écrivains moins anciens dont j'ai déjà parlé, mon aïeul y ajouta quelques éclaircissemens dans les endroits où le texte paraissait obscur, et quelques supplémens dans les endroits où il y avait quelques lacunes. Tout ce qui vient de mon aïeul sera marqué par un *chiffre arabe.*

Pour ce qui me concerne, le premier doute qui s'éleva dans mon esprit fut relatif à l'époque du voyage qui est le sujet du manuscrit. Après beaucoup de recherches, j'ai cru pouvoir la fixer sous le consulat d'*Appius Claudius* et de *Lucius Camille*. Le témoignage de Cicéron est trop évident ; il en parle comme d'une chose certaine, qui lui fut racontée par Caton, et à ce dernier ; par Néarque-le-Tarentin, descendant de ce même Néarque qui avait connu Platon à Tarente, et qui avait eu de fréquentes conversations avec lui.* Le consulat de Claudius et de Camille eut lieu l'an de Rome 406. C'est la fréquente citation de Néarque dans cet ouvrage, et particulièrement dans cette conversation dont parle Cicéron, qui m'a induit à suivre, sans autre examen, l'époque indiquée par lui.

Mais quel est ce Cléobule qui a une si grande part à cet ouvrage? J'ai fait un plus grand nombre de recherches que mon texte ne l'indique. Mais aucun autre écrivain n'en parle ; et si l'on n'eût pas trouvé ce manuscrit, peut-être ignorerait-on

* Cicéron, *Traité de la Vieillesse.*

l'existence de cet homme? Le caractère de Cléobule se découvre dans cet ouvrage : mais quel fut son état? quels furent les auteurs de ses jours?..... Nous savons seulement qu'il était Athénien, jeune, bien né, bien élevé. Je pensais à ajouter à l'ouvrage une notice dans laquelle je voulais parler de tous les Cléobules dont l'histoire fait mention, rapporter toutes les inscriptions dans lesquelles fut placé le nom de Cléobule, donner l'étymologie de son nom, qui est à la fois phénicienne, hébraïque, chaldéenne, punique et éthiopienne; je voulais marquer l'usage qu'on faisait d'un tel nom à Athènes : mais après avoir beaucoup travaillé à réunir les matériaux pour cette dissertation, un ami dont j'estime beaucoup le jugement, me dit et me prouva qu'avec tant de richesses je n'aurais rien démontré, et que mon Cléobule pouvait bien n'être aucun des Cléobule connus. Ainsi va le monde! A quoi tient la gloire humaine? Peut-être mon Cléobule a-t-il été un philosophe sublime, un magistrat respectable, un capitaine invincible; peut-être a-t-il fait un grand nombre d'actions dignes de mémoire; mille poètes, mille orateurs, mille historiens auront fait son éloge, et mille autres l'auront blâmé : néanmoins si mon aïeul n'avait pas eu l'envie de bâtir une maison de campagne sur le terrain de l'ancienne Héraclée, tant de vertus et tant de gloire n'auraient pas sauvé de l'oubli le nom de Cléobule!

J'ai travaillé beaucoup pour mettre en ordre les divers fragmens (ils ne peuvent pas mériter d'autre nom,) qui composaient le manuscrit.

D'abord il était nécessaire de savoir quel en était le titre. Malheureusement la première page était la plus maltraitée par le temps. A peine on y pouvait lire les lettres écrites avec ces *notes* que les connaisseurs en paléographie grecque appellent *unciali*, et qui dénotent toujours la grande ancienneté d'un manuscrit. * ΠΛΑΤΩΝ..... ΙΤΑΛ.... J'ai cru bien traduire ces lignes, par Platon..... en Italie, non parce que telles étaient les lettres du texte (j'en préviens le lecteur, afin qu'on ne m'accuse ni d'infidélité ni d'inexactitude), mais parce que c'était le titre qui convenait le mieux à l'ouvrage.

A qui doit-on l'attribuer? A Platon, à Cléobule? Comme dans l'origine il n'était qu'un recueil de lettres, et qu'ainsi il y en aura eu de Platon, de Cléobule, d'Architas, de Timée, et qui sait de combien d'autres? le plus grand nombre de celles qui restaient appartiennent évidemment à Cléobule. Il paraît que pendant le temps du voyage ce dernier a écrit beaucoup plus que Platon, comme il arrive en tout pays que les jeunes gens écrivent plus souvent que les vieillards, et quelquefois même pour ceux-ci. Mais quoique celui qui écrit ces

* Montfaucon, Paléographie grecque.

lettres soit ordinairement Cléobule, cependant ce sont toujours Architas, Platon, Timée, Pontius, qui sont les interlocuteurs ou qui décident; Cléobule paraît être toujours un jeune homme qui aime à s'instruire, qui interroge ses maîtres, et qui fait un riche recueil de leur doctrine. Peut-être aura-t-il conservé les noms des belles femmes dont il se montre autant l'ami qu'il l'est des philosophes ; et un voyageur aimable tel que Cléobule ne devait pas les négliger. Mais (c'est une grande perte pour la littérature) le temps qui a respecté une partie de ses *recueils* politiques et littéraires, n'a pas conservé ses *souvenirs* amoureux et galans.

Il paraîtra peut-être à ceux qui voudront prononcer sur l'ouvrage entier, que certains morceaux ne sont ni d'Architas, ni de Platon, ni de Cléobule, ni d'aucun autre des auteurs nommés dans cet ouvrage. Dans le commencement, cela m'a donné beaucoup à penser. Mais enfin j'ai réfléchi que si cet ouvrage est la *collection des lettres* qu'écrivit Platon au commencement de son séjour en Italie, il n'y a rien d'étonnant qu'un homme tel que Platon ait eu une *correspondance* plus étendue que celle que nous connaissons. Qui peut nous assurer que cet ouvrage soit parvenu jusqu'à nous tout entier? Avant l'invention de l'imprimerie les livres étaient bien rares, et leurs copies coûtaient fort cher. Aulugelle nous parle d'un de ses amis qui paya vingt sous d'or pour avoir le second livre de l'Énéide. * Plusieurs personnes qui ne pouvaient pas dépenser beaucoup, se faisaient extraire d'un ouvrage les seuls morceaux dont elles voulaient se servir; et si quelqu'un s'est *contenté* de vouloir séparément le deuxième livre de *l'Énéide*, qui est un ouvrage indivisible, soit à cause de l'unité de l'action, soit à cause du grand intérêt du sujet, qu'y a-t-il de surprenant qu'un autre ait

* *Nuits attiques* de GELLIUS, II, 3.

fait copier pour lui quelques morceaux d'un ouvrage qui renfermait un aussi grand nombre d'objets différens? Quand il s'agit des méthodes des anciens, rien ne doit nous étonner, soit parce que les anciens ressemblent plus souvent aux modernes, soit que souvent ils diffèrent plus que le vulgaire ne le croit.

Ces lacunes ont cependant causé beaucoup de difficultés pour donner à toutes les parties du manuscrit une suite convenable. On pouvait les classer par *matières* ou par époques. J'ai cru que la seconde méthode était plus facile, parce que la première m'obligeait à faire beaucoup de transpositions; et aussi, parce que d'après le désordre où était le texte, il paraissait que les diverses parties avaient été originairement disposées par ordre chronologique.

Quelques morceaux portaient le titre et la forme de lettres; on y voyait par qui elles étaient écrites et à qui elles étaient adressées.: le nom de l'un ou de l'autre correspondant, ou de tous les deux, manquait dans quelques autres lettres. J'ai laissé les diverses parties de l'ouvrage dans l'état où elles ont été trouvées: là où il se trouve une lacune, c'est au lecteur à y suppléer.

Souvent, dans le cours de l'ouvrage, on indique le motif pour lequel un morceau se trouve placé dans un endroit plutôt que dans un autre; et j'ai essayé ainsi de donner une liaison à ces idées et aux faits qui paraissaient n'en avoir aucune. Vous verrez si, de cette manière, je l'ai exécuté avec succès.

Je suis affligé que ces lacunes nous aient privé d'un grand nombre d'éclaircissemens qu'on désirerait avoir sur l'état politique de l'Italie, sur la philosophie de Pythagore, qui paraît être l'objet principal de cet ouvrage. Je suis affligé surtout de trouver des lacunes encore plus grandes sur la Sicile, dont l'histoire est aussi importante qu'elle est obscure. Cette perte est d'autant plus sensible que les opinions de celui, quel qu'il soit, qui a écrit ce livre, paraissent être plus singulières. S'il nous était parvenu dans son intégrité, nous aurions une histoire de la Grande Grèce, bien différente de celle écrite par *Golzius*, et une histoire de la philosophie italienne, différente de celle qui nous a été transmise par *Scheffer* et par *Bruker*.

J'ai essayé de remplir ce vide par quelques-unes de mes notes, qu'on trouvera réunies à la fin de l'ouvrage sous le nom d'*Appendices*. Mais je les considère comme deux bras qu'un médiocre artiste moderne voudrait remettre à une belle statue antique. Je prie seulement le lecteur, si quelquefois des traits qu'il lira dans le texte lui paraissent étranges et éloignés de l'opinion commune, de ne pas les condamner tout de suite; mais de suspendre son jugement jusqu'à ce qu'il ait lu tous les *Appendices* de cet ouvrage. La lecture du texte produisit sur moi une sensation fatigante, comme l'est celle d'un style étranger; mais en réfléchissant davantage sur ce qu'on y disait, je suis parvenu à me convaincre, et je me suis bien aperçu que cette sensation d'*étrangeté* est souvent une excuse pour nous dispenser de penser.

J'étais parvenu à ce point, lorsqu'un de mes amis à qui j'avais donné à lire ce manuscrit est venu chez moi et m'a fait ce raisonnement, que je veux transmettre fidèlement au lecteur, au risque d'allonger encore cette préface déjà trop longue.

L'Ami. — Tu publies un ouvrage sans unité d'action. Qu'avaient en vue dans ce voyage Cléobule, Platon, ou tout autre quel qu'il soit ?

Réponse. — De voyager.

L'Ami. — Mais il faut que celui qui voyage ait un but, un objet. Il est nécessaire aussi que celui qui veut imprimer un ouvrage quelconque ait aussi un but. Il est parlé dans votre ouvrage, de lois, d'arts, de politique, de musique, de sciences et d'amour ; et de quoi votre voyageur grec ne parle-t-il point ?

Réponse. — Mon philosophe grec, en

voyageant, écrivait tout ce qui lui arrivait ou ce qu'il observait dans son voyage.

L'Ami. — Mais il n'y a point d'action: c'est-là le défaut principal; il n'y a point d'action. Une fois il semble être devenu amoureux d'une petite femme, et ensuite il n'en parle plus...... Cléobule va dans le pays des Samnites et ensuite dans la Lucanie, et puis il ne revient plus à Tarente. Platon se trouve en Sicile, sans savoir ni comment, ni à quelle époque..... Ensuite.....

Réponse. — Pour ce qui regarde les amours de Mnésille, je ne sais que te dire. Le texte n'en dit pas davantage; et moi je n'y pouvais rien ajouter, ni donner mes inventions pour des faits certains, dans des choses aussi délicates pour l'honneur de cette femme et de son amant. Quant à tout le reste, je t'assure qu'il y a dans l'ouvrage une action une et continue, ainsi qu'un dessein très-régulier. Un Athénien vient de son pays pour connaître les Pythagoriciens en Italie; il observe tout ce qu'il lui plaît d'observer; il écrit tout ce qui lui convient d'écrire; dans le cours de son voyage, il arrive jusqu'au point où il a le dessein d'arriver, et revient dans sa patrie par la route qui lui a paru la plus commode. Vous voyez que l'action est une et entière.

Je ne saurais vous dire pourquoi il a écrit certaines choses, et pourquoi il n'en a pas écrit certaines autres, pourquoi il n'a pas été ou plus long ou plus court. Les anciens parlaient et écrivaient différemment de nous. Ils étaient longs en parlant, parce qu'ils disaient tout ce qu'il était nécessaire de dire; ils étaient concis en écrivant, parce qu'ils n'écrivaient que ce qui était nécessaire. Parmi nous autres modernes, une conversation semblable à un dialogue de Platon et de Cicéron ferait mourir d'ennui les hommes du monde; et un livre abrégé, comme celui d'Hippocrate, ferait mourir de rage les hommes de lettres. L'art de composer des *traités* ou des ouvrages est de beaucoup postérieur à l'invention de l'imprimerie.

MONTAIGNE disait : Je suis ennuyé de tous les écrivains de nos jours. Si quelqu'un d'entr'eux a visité les lieux saints, et s'il veut vous raconter ce qu'il a vu, il vous fait un traité de géographie ; si quelque autre a découvert la vertu particulière de l'eau de sa fontaine, il vous parle de toutes les fontaines, de tous les lacs, de tous les fleuves et de toutes les mers. — Je vous prie, mon ami, de juger un auteur par ce qu'il a dit, et non par ce qu'il devait ou pouvait dire.

Ainsi se termina le dialogue avec mon ami. Lecteur, j'ai voulu vous le transmettre tout entier, afin que vous sachiez que si vous n'aviez à opposer à cet ouvrage que ce que mon ami lui a objecté, vous pouviez bien vous en dispenser, parce que vous n'aurez rien de nouveau à me dire, et que moi je n'aurai rien de nouveau à vous répondre.

ADIEU.

A BERNARD TELESIO.

Je vous dois l'hommage de ce livre, à vous que je reconnais comme l'homme le plus profond dans les recherches sur l'antique philosophie des Italiens. C'est par vos travaux que l'Europe voit, pour la première fois, les pensées de Parménide substituées aux idées d'Aristote; et quoique les temps ne vous aient pas permis d'élever le nouvel édifice avec autant de succès que vous en aviez eu pour détruire l'ancien, il vous reste cependant la gloire d'avoir indiqué le premier la nouvelle route dans laquelle ont marché si heureusement ceux qui sont venus après vous.

Les idées des hommes sont telles que le permet le siècle dans lequel ils vivent; et nous n'entendons jamais mieux les événemens de l'antiquité, que lorsque le cours des siècles en a produit de semblables parmi nous. L'Italie a vu de nos jours les mêmes changemens politiques qu'éprouvèrent l'une et l'autre Grèce, la même violence dans les partis, la même mobilité dans les idées, les mêmes résultats funestes de toutes les opinions portées à l'extrême. Quoique je ne me flatte point que mon ouvrage puisse triompher du temps et de l'oubli, les Italiens n'en compareront pas moins les événemens des deux époques. Ils donneront de justes éloges à ces guerriers généreux qui d'une main puissante ont su mettre un frein à l'anarchie des opinions et des lois, et assurer un asile à la philosophie menacée de son entière destruction, tant de la part de ceux qui ne voulaient con-

sentir à aucune réforme, que de ceux qui voulaient tout détruire; ils célébreront surtout ce grand magistrat qui, à l'imitation d'Architas, ne se propose d'autre régle de conduite que les droits de l'humanité, la libéralité des principes et l'amour de son pays.

VOYAGE
DE PLATON
EN ITALIE.

CHAPITRE PREMIER.

DE CLÉOBULE.

«.... Ayant déjà passé les cimes escarpées du promontoire de Japige et les plaines des Salentins, un petit vent frais de l'est poussait notre vaisseau vers le fond de ce golfe qui prend le nom de Tarente. Tous les matelots dormaient ; le pilote veillait au timon. Platon et moi nous étions tranquillement assis sur la poupe. Le silence universel qui régnait autour de nous n'était interrompu que par ce bruit sourd et uniforme que fait la mer lorsqu'elle n'est pas agitée par les tempêtes. L'immensité d'un horizon qui n'a point de limites, et dans lequel l'on voyait le contraste de l'ombre de la nuit qui se dissipait, et de la lumière encore incertaine, qui dans quelques points le divisait, dans d'autres le rendait plus transparent, et qui réfléchissait de mille manières diverses, tantôt des nuages, tantôt des vagues, et tantôt des cimes de montagnes; tout nous faisait éprouver cette douce rêverie qui fait la plus délicieuse partie de notre existence.

Je ne saurais vous dire ce que Platon roulait dans son esprit. Mes pensées étaient avec les astres qui, dans un majestueux silence, roulent sous la voûte immense et azurée des cieux. Je voyais l'Ourse qui déjà se plongeait dans la mer, et l'étoile du matin, comme couverte encore d'une rosée marine, suivre les pas lents des Pléiades, qui, retournant dans la mer, rappellent l'agriculteur aux nouveaux travaux du jour qui approche. A cette heure, me dis-je à moi-même, on n'aperçoit plus l'Ourse à Athènes; l'agriculteur a déjà attelé ses bœufs. Dans l'Égypte, on compte déjà deux heures de travail. —Et depuis huit jours l'apparition de ces astres ne rappelle plus aux amis de mon enfance mon nom parmi les noms de ceux qu'ils verront pendant le jour!— Et ma mère a adressé aux Dieux sa prière du matin; elle les a invoqués en ma faveur : et je n'étais pas à ses côtés ! O Platon ! dis-je alors, ne te semble-t-il pas que l'homme est le plus orgueilleux des animaux ? Destiné à occuper à peine un seul pied de terre dans l'immensité de l'espace, il met tant de distance entre le point dans lequel il naît et celui dans lequel il vit, qu'il peut se mesurer avec l'immense orbite des astres. Que prétendons-nous faire avec tant de voyages ? qu'espérons-nous obtenir en quittant tout ce qui nous est cher ?

O Cléobule, répondit Platon, si sur ce point j'avais voulu suivre les préceptes de Socrate, je ne serais jamais sorti de ma patrie. C'est une folie de croire que les Dieux aient placé les hommes dans l'Attique, et le bonheur dans les Indes et dans l'Égypte. Mais pour être heureux dans sa patrie et au milieu de ses concitoyens, il est nécessaire de pouvoir faire le bien : l'homme inutile aux siens devient en peu de temps insupportable à soi-même et malheureux. Maintenant, après le triste sort du plus sage des hommes, qui pourrait essayer d'instruire de nouveau l'indocile nation des Athéniens ? * Au milieu

* PLATON, dans divers endroits de ses *Lettres*.

d'une si grande corruption des hommes et des choses, il ne reste au sage d'autre parti que de s'envelopper dans son manteau, de se taire, et de détourner son esprit des erreurs et des vices des mortels, pour ne s'occuper que de choses intellectuelles et célestes. Ne pouvant plus être citoyen de sa patrie, il est forcé de devenir citoyen de l'univers. Socrate voulait rappeler la philosophie dans son pays. Il la considérait comme un aliment nécessaire; pour ceux qui vivent au milieu des hommes corrompus et dans des villes déréglées, elle est même un remède.

Nous passons dans une terre nouvelle pour toi. Tu verras d'autres hommes, mais tu trouveras partout les mêmes passions, les mêmes vices, les mêmes erreurs; partout un petit nombre de sages qui prêchent inutilement au vulgaire la vertu et la vérité : partout la multitude persécute les sages pour suivre ses propres passions, et se repent ensuite de n'avoir pas suivi leurs préceptes. C'est l'histoire de tout le genre humain. Ces terres que tu verras sont aussi teintes du sang des sages et souillées par les crimes des peuples : là, de même que dans la Grèce, un peuple a détruit l'autre; et le promontoire de Japige, que nous avons quitté hier soir, est encore plus horrible par les forfaits de ses habitans, que par les tempêtes de la mer qui l'environne.

A quoi bon observer tout cela? diras-tu. — Il est bon qu'en retournant dans sa propre maison, on soit convaincu que la loi de la nature est une, inexorable, immuable; que ni les cieux, ni les temps, ni les variations d'opinions et de mœurs, ne peuvent changer l'ordre éternel d'après lequel la vérité et la vertu sont suivies ou vengées. L'homme deviendra alors plus heureux, ou plus patient.

En parlant ainsi nous passions devant les îles Coréades, et nous découvrîmes le port de Tarente. — La ville s'étendait dans de longs et vastes circuits sur les bords de la mer; et là où se terminaient les murs de la ville commençait une longue suite de maisons de campagne, qui présentaient le plus pompeux et le plus vaste amphithéâtre que l'œil de l'homme ait jamais vu. Déjà sur le phare on voyait flotter le drapeau qui annonçait l'arrivée prochaine d'un vaisseau athénien. Les matelots déjà éveillés faisaient des libations à Neptune et saluaient la terre hospitalière; et ceux qui avaient fait autrefois un pareil voyage enseignaient à leurs compagnons les tours, les temples et les places principales de la ville. Déjà l'on entendait la voix des habitans qui étaient sur le môle.— Encore un coup de vent, et nous sommes dans le port.

CHAPITRE II.

DU MÊME.

Archytas n'est point ici. Les affaires de sa patrie le retiennent en Lucanie; mais nous recevons de sa famille la même hospitalité que nous aurions pu espérer de cet ami, s'il eût été présent.

La femme d'Architas a environ quarante ans. Tous parlent de sa sagesse, plusieurs la disent aimable, et un plus grand nombre parle de sa beauté. Elle chérit beaucoup ses enfans. Elle a pour son époux beaucoup d'amour, et de cette estime sans laquelle après vingt ans de mariage il n'y aurait plus d'amour. Ses enfans mâles sont encore au berceau; une de ses filles a épousé un jeune homme de Tarente, de mœurs honnêtes et de beaucoup de talens, qu'Architas a préféré à un autre prétendant qui était rempli de richesses et de vices.

Les uns envieront à Architas la place qu'il occupe parmi les savans de l'Italie; les autres ambitionneront sa fortune et sa popularité, ainsi que les dignités dont sa patrie l'a revêtu tant de fois; quelques-uns enfin désireront sa valeur et sa fortune militaire. Sais-tu ce que je lui envie le plus? sa belle et bonne famille. Un grand philosophe, un grand capitaine, un grand magistrat, qui en retournant dans sa maison n'y retrouvent pas l'amitié, l'ordre et la paix, ressemblent à un homme qui en rêvant serait possesseur de trésors infinis, et qui ensuite se réveillant et rentrant en lui-même se trouverait très-pauvre.

Les domestiques même aiment Architas. Celui qui me sert me disait hier que ni lui ni ses camarades ne l'avaient jamais vu se mettre en colère. Un jour il lui demanda comment il pouvait faire pour conserver toujours une aussi grande égalité d'ame et d'esprit? Architas lui répondit : En ne faisant jamais que des choses justes, et en n'espérant jamais des hommes plus qu'ils ne peuvent faire. La colère prouve que l'homme est fou, ou qu'il l'a été. — Architas rougirait de prononcer la plus légère de ces paroles indécentes qui dans le premier et irrésistible mouvement de la colère nous viennent si facilement sur les lèvres; et pour éviter plus sûrement ce danger dans les momens fâcheux, il donne ses ordres par écrit.

Cela me rappelle le trait de Platon, qui, irrité contre un de ses domestiques, dit à Xeuxippe: *Traite-le comme tu voudras; pour moi, je suis trop en colère.* * Pendant que les sophistes disputent entre eux, les vrais philosophes s'imitent.

Il y a trois jours que nous sommes ici; et quoique Architas n'y soit point, nous sommes toujours assiégés d'un grand nombre de personnes qui viennent rendre visite à l'ami et à l'hôte d'Architas. On voit accourir les parens, les amis, les philosophes; le plus grand nombre est toujours celui des personnes qui veulent paraître les amis de leur premier magistrat, et les sectateurs du plus illustre de leurs philosophes. Que veux-tu? Chez les hommes, même la justice qu'ils rendent quelquefois au mérite d'autrui n'est autre chose que vanité.

Nous avons de fréquentes visites de la part des femmes; car tu dois savoir qu'ici, comme chez nous, la philosophie n'est point la prérogative des hommes seuls: les femmes aussi comptent

* PLUTARQUE, *contre Coloti.*

parmi elles un grand nombre de philosophes. Il y en a une entr'autres qui s'appelle Mnésille. — Que veux-tu que je te dise ? S'il pouvait arriver, comme le désirait Socrate, que la vertu se montrât sous la forme humaine, elle serait belle comme Mnésille.

Parmi les hommes, celui avec qui je me suis lié de la plus étroite amitié est un jeune homme appelé Néarque. Il appartient à une des principales familles de Tarente, unie par les liens du sang à celle d'Architas, et il est digne de l'amitié de celui-ci par l'aménité et la candeur de ses mœurs. Peut-être tu ne le croiras pas encore philosophe, parce qu'il aime trop les plaisirs ; mais ne penses-tu pas qu'une principale partie de la sagesse consiste à savoir jouir ?

CHAPITRE III.

DESCRIPTION DE TARENTE.

TARENTE est plus vaste est plus peuplée qu'Athènes. Elle est, après Syracuse, la première des villes d'Italie et de Sicile. Parmi les villes de la Grèce, elle serait la première.

L'enceinte de la ville représente un triangle qui a son sommet placé entre l'orient et le midi : la base est le seul côté qui se lie avec la terre; les deux autres sont baignés par la mer. En venant de l'Attique, on voit ce côté rentrer dans un détroit qui sépare Tarente de l'Éobolie, et qui ensuite se développant, forme un des ports les plus vastes et les plus sûrs que l'on connaisse. Dans ce golfe, vis-à-vis Tarente, se décharge le petit fleuve Galesus, appelé Eurotas par plusieurs. *

* POLYBE, VIII, prétend que ce nom vient de la colonie spartiate. C'était la coutume des colonies de donner à la nouvelle patrie le nom que portait l'ancienne. Virgile a tiré de cet usage un des traits les plus pathétiques de son poème.

Une île ferme l'entrée du port, et dans cette île il y a un fort qui communique à la ville par le moyen d'un pont. Il y a aussi dans le fond de la rade un autre pont qui joint la ville au promontoire du continent opposé. A la tête du pont, il y a une porte par laquelle passent tous ceux qui arrivent par mer à Tarente.

Quand on est sur le pont qui réunit le fort à la ville, il se présente trois larges rues, le long desquelles on aperçoit à la fois les plus grands édifices publics; d'un côté le temple d'Hercule, le théâtre, le temple de Neptune, le grand cirque et le temple de Mercure. Au milieu est le Forum; de l'autre côté sont les bains et le Muséum.

Les chefs-d'œuvres des beaux arts abondent à Tarente comme dans Athènes et à Corinthe: partout des peintures parlantes, des statues animées, des édifices qui réunissent la simplicité, l'élégance et la pompe.

Néarque me fit observer les portiques qui sont dans le Forum. Ils sont remplis de sculptures qui représentent l'histoire de Phalante: vous diriez qu'il ne leur manque que la vie. Vous voyez, dans un angle, ce chef intrépide des Parthéniens, qui dévoile à ses compagnons d'infortune la réponse de la Pythonisse, et qui les exhorte à s'arracher enfin à la honte et au malheur en conquérant les nouvelles contrées qu'Apollon leur avait promises. Dans un autre angle on voit Phalante et ses compagnons, battus par la tempête sur les rivages des Messapiens. L'oracle leur avait dit qu'ils trouveraient une nouvelle patrie dans les lieux où Phalante aurait été mouillé par les eaux tombées d'*Etra* pendant que le ciel serait serein. La promesse était ambiguë; et de telles promesses ne suffisent point à des malheureux sauvés d'un naufrage. On voit Phalante accablé par le désespoir, assis à terre, posant sa tête sur les genoux de sa femme, nommée *Etra*. Etra pleurait, et ses larmes mouillaient la tête de Phalante. — Voilà l'oracle accompli. Phalante et les siens prennent courage. Ils envoient des députés aux anciens habitans de la contrée, pour leur demander un asile tranquille et sûr, avec la faculté de cultiver les terres qui leur étaient superflues. Les anciens habitans dédaignèrent une poignée de malheureux, qui n'étaient que les débris d'une tempête.

On y voit aussi la bataille par laquelle la valeur de Phalante venge l'outrage fait aux Dieux hospitaliers. Les Messapiens sont vaincus. Une partie de ceux qui échappèrent au combat fut réduite à la servitude; une autre partie se sauva et se réunit à Brindes, où elle fonda une nouvelle cité. — Ici, Phalante est proclamé roi et donne de nouvelles lois aux habitans de notre ville. — Là, on le voit fuir tout nu, poursuivi par l'ingratitude et par la jalousie de ses compagnons. Il se réfugie à Brindes dans les bras de ces mêmes Messapiens auxquels il avait causé tant de maux; mais la valeur et la vertu sont respectables et sacrées, même chez les ennemis. — Les habitans de Brindes gagnent plusieurs batailles sous la conduite de Phalante; mais celui-ci ne pouvait oublier sa patrie, même ingrate. — Voyez-le étendu sur son lit de mort, adressant aux habitans de Brindes ses dernières paroles. Un oracle secret lui avait révélé que les Tarentins seraient invincibles tant qu'ils conserveraient ses cendres dans leur territoire. Il craignait qu'elles ne restassent dans une terre étrangère, et qu'il n'arrivât aux Tarentins et aux habitans de Brindes les mêmes événemens qui avaient eu lieu entre les Spartiates et les Messéniens, à l'occasion des cendres d'Oreste. « O ha-

» bitans de Brindes! dit-il, si vous voulez vain» cre constamment les Tarentins, écoutez ce » que les Dieux m'ont révélé. Quand je serai » mort, brûlez mon corps, et répandez-en les » cendres sur les terres que cultivent les Taren» tins. Elles seront aux yeux des Immortels un » éternel témoignage de l'ingratitude de mes » concitoyens; et les Dieux ne seront jamais fa» vorables à une terre habitée par des ingrats.» — Ainsi Phalante fut utile à sa patrie, même en mourant. *

* Tous ces faits, avec quelques changemens peu importans, sont racontés par STRABON, VI; JUSTIN, III, 4; PAUSAN. sur *Phocion*. A Sparte, on appelait *Parthéniens* par ironie ceux qui étaient nés pendant la guerre de Messénie. Comme la guerre dura trop long-temps (elle dura dix ans), les hommes manquèrent; et les femmes envoyèrent au camp une députation pour réclamer les droits de la génération future. Les Spartiates, incertains entre le serment qui les obligeait à ne pas quitter le camp avant la fin de la guerre, et entre la justice des réclamations de leurs femmes, crurent sauver l'un et l'autre en envoyant à Sparte tous les jeunes gens qui se trouvaient dans le camp, mais que leur âge avait empêchés deprêter le serment, et qui devinrent ainsi les maris universels. Mais la guerre finie, les Spartiates revenus dans leurs foyers ne virent pas de bon œil tant

Vous voyez dans cette histoire pourquoi les Spartiates appelaient les Tarentins des *bâtards*. Mais toutes les villes ont la même origine : leurs fondateurs sont les enfans des Dieux, ou *des femmes abandonnées*. Tara, fondateur de Tarente, se disait fils de Neptune ; Phalante, qui rétablit cette ville, est appelé enfant de l'Amour. Selon moi, ces deux traditions différentes indiquent la même origine.

d'enfans produits par l'adultère : de là vint cette persécution qui porta les Parthéniens à chercher de nouvelles contrées. Phalante leur chef était fils de cet Arato qui, dans le camp, avait ouvert l'avis de renvoyer à Sparte les jeunes gens.

CHAPITRE IV.

Je me plais à comparer les différentes mœurs des peuples. Nous autres Grecs, nous méprisons trop facilement les mœurs qui ne sont pas les nôtres : qu'arrive-t-il de ce mépris insensé ? Nous appelons barbares tous les autres peuples, et les Égyptiens nous appellent enfans.

Il n'y a certainement pas entre les Tarentins et les Athéniens autant de différence que l'on en observe entre les Athéniens et les Égyptiens. Ils ont les mêmes jeux et le même langage, et une plus grande liaison qui leur rend communs un grand nombre d'usages ; ils sont également changeans, également bavards et légers.

On raconte qu'à une certaine époque les Tarentins ressemblèrent aux Spartiates, dont ils tiraient leur origine. * Cela est vrai. Il faut convenir que leurs mœurs sont bien dégénérées. Aujourd'hui ils ne conservent de Spartiate que l'usage d'avoir des tombeaux dans la ville, et le

* Tite-Live.

langage, qui est dorique, de même que dans tous les autres pays de l'Italie et de la Sicile. Il ne peut plaire aux Athéniens, et encore moins aux Ioniens, cet accent trop fort, qui dans chaque syllabe met un *a* ou un *o*, et qui substitue à chaque lettre aspirée une lettre tenue. Mais les habitans croient ce langage le plus ancien; le même que parlait Dorus, avant qu'il n'engendrât Hellenus, Éole et tous nous autres; le même dans lequel Orphée chantait ses poésies: ils le croient pour cela préférable à tous les autres dialectes grecs. Leurs écrivains n'en emploient pas d'autre. Ils ne croient pas qu'il y ait une autre langue plus propre à l'harmonie; du moins Pythagore le disait.*

Les Tarentins aiment les plaisirs plus que ne le font les Athéniens. On peut même dire que ces derniers aiment plus la gaieté que les plaisirs. Les sensations des Italiens sont plus profondes. Si les Tarentins n'avaient pas été les hommes les plus frivoles de la terre, ils en auraient été les plus énergiques.

Veux-tu connaître ces deux peuples? Nos an-

* Jamblic, 34; Porphyr. 53; Schol., Théocrit., Mazzocchi, *ad T. H.*

cêtres ont défendu d'élever, pour des victoires remportées sur les Grecs, des trophées de pierre, afin que, par la durée de ces monumens, on ne perpétuât pas la haine réciproque; c'est ainsi qu'ils ont sacrifié la gloire à l'amitié*: les Italiens rendent les monumens de leurs victoires aussi durables que leur haine. J'aime la loi de nos pères, parce qu'elle était propre à tempérer les funestes passions des descendans; mais j'admire l'usage des Italiens, parce qu'il indique et nourrit l'énergie des grandes ames.

Le caractère des Locriens est plus dur et plus solide que celui des Tarentins. Les Crotoniates avaient plus de caractère que les Locriens. Il semble que le physique et le moral des habitans suivent les sinuosités de la mer et les hauteurs des montagnes: les Samnites, les Lucaniens et les Brusiens sont les plus féroces de tous.

Toute l'Italie réunit une si grande variété de sites, de ciel et de caractères; les caractères sont en même temps si prononcés et si forts, qu'il n'y a pour les Italiens aucun terme moyen. Ils présenteront dans l'histoire, comme ils l'ont

* PLUTARQUE, *Quest. rom.*

fait jusqu'à présent, l'exemple de tous les extrêmes des vices et des vertus, de force et de faiblesse. S'ils sont divisés, ils se feront une guerre d'extermination. On compte plus de villes détruites en Italie pendant quelques années, que dans la Grèce pendant le cours de plusieurs siècles. S'ils sont unis, ils donneront des lois à l'univers.

CHAPITRE V.

DE CLÉOBULE.

Je vais tous les jours chez Mnésille, et je la trouve tous les jours plus digne d'admiration. Quelquefois en allant la voir je songe qu'elle est belle; et dans les trois heures que je passe avec elle, elle ne me permet pas de penser à autre chose, si ce n'est qu'elle est sage : quelquefois je suis occupé de sa sagesse; je la vois, et je ne pense plus qu'à sa beauté.

Créature divine! est-il possible de paraître à la fois et si sage et si belle? On me dit qu'elle s'est proposé pour modèles Mia et Téane. Mais, lorsque celles-ci obtinrent cette grande réputation de sagesse, avaient-elles, comme Mnésille, vingt-quatre ans?

Plusieurs autres femmes pythagoriciennes se rassemblent dans sa maison. Si Mnésille n'y était pas, on serait incertain à qui la préférence est due. Elle y est, et le doute cesse. — Elle a l'art que je crois le plus difficile dans la sagesse, celui de montrer celle qu'elle a, sans rien ôter dans l'opinion à celle des autres. . . . .

Je ne sais pourquoi je remarque avec plus d'attention ce que dit Mnésille que ce que disent les autres : c'est sans doute parce que je l'estime davantage. Mais pourquoi remarqué-je plus particulièrement quelques propos sur certaines choses? pourquoi désiré-je plus ardemment savoir comment elle en pense?

On parlait d'une femme tourmentée de la jalousie que lui causait son mari, qui va trop souvent chez Doride; Doride, l'effroi des tendres épouses et des mères austères de Tarente. Mnésille rapporta ce trait si connu des *Lettres de Téane* à une de ses amies tourmentée de la même maladie . . . .

Elle 1) prononça ces paroles avec l'accent de la plus profonde et de la plus intime persuasion.

1) Ceci est la partie la moins conservée de l'ouvrage et la plus maltraitée par le temps. Quelle peut être la lettre de Téane dont on parle? Nous en avons une dans les *Opuscules mythologiques de* GALE, dans laquelle Téane dit à son amie : « Il faut rechercher dans l'amant et le mari, non les plaisirs « des sens, mais la *probité du cœur*, la seule vertu propre à « former des liens durables; il faut terminer promptement

Quand elle eut fini, je me dis à moi-même : quelle sublime idée doit avoir de l'amour celle qui pense ainsi !

Néarque s'est aperçu de l'état de mon cœur ; Néarque le lui a fait connaître : je n'aurais jamais eu le courage de le lui dire, — non jamais. Qu'est-ce que j'éprouve aujourd'hui dans mon cœur ?.... J'ai mille fois ressenti l'amour dans Athènes ; mille fois j'ai été saisi d'impatience et plein d'audace : je sais non-seulement comment on découvre la volonté, mais encore comment on éveille les désirs, comment on empêche de rougir, comment on triomphe de la faiblesse. — Et cependant je n'ai pas eu le courage de demander à Mnésille comment mes vœux seraient accueillis.

« les amours grossiers, qui ne sont que des erreurs dont « l'homme revient promptement, si la femme ne s'avilit « elle-même jusqu'à entrer en rivalité avec une courti- « sanne. »

CHAPITRE VI.

DISCOURS DE PLATON.

J'AI fait part à Platon de toutes mes agitations. Il m'a répondu : Tu commences à croire à la vertu. La modestie est sa fille aînée, l'amour en est le maître le plus habile. Quand la vertu d'une femme ne lui servirait qu'à accoutumer les hommes à ne point désirer, à ne point espérer, à ne rien attendre d'elle sans l'avoir mérité, elle lui serait encore très-utile.

Jusqu'à présent tu n'as point connu l'amour. Ce n'est point un désir de choses périssables, mais bien d'un beau éternel, dont l'esprit humain aperçoit à peine un rayon, et dont il ne s'approche qu'en pratiquant la vertu et en recherchant la vérité. Toutes nos vertus tendent à alimenter l'amour; et l'amour nourrit et fortifie tour à tour toutes les vertus.

Mais nous autres Grecs, nous ne pouvons connaître un tel amour. Nos lois, qui traitent trop mal les femmes, ne permettent pas qu'elles développent, ni les facultés de l'esprit, ni celles du cœur. Élevées comme des esclaves, elles en contractent toute la bassesse des sentimens. Jamais une pensée noble ne s'élève dans leur esprit; jamais une affection généreuse n'émeut leur cœur. De là vient que nos jeunes gens ne les retirent de la maison paternelle que pour les renfermer encore, et les retenir comme des instrumens nécessaires pour donner à la patrie des enfans que reconnaissent les lois. A peine voit-on dans Athènes Timandric, Théodora, Lasténie, Laïs, ou toute autre, que tous courent après elles : elles exercent cet empire que la nature paraissait avoir destiné aux épouses. Comment pourrait-il en être autrement, si les *Etères* * ont ces qualités et cette intelligence que ne peut donner l'éducation négligée des femmes? L'impétuosité des sens cesse ou change bientôt d'objet; les seuls désirs de la raison sont durables.

* Athén. XIII. Ce nom désignait, dans les premiers temps, *une amie;* dans la suite il indiqua une de ces femmes dont Ninon, dans l'histoire moderne, pourrait fournir l'exemple. Les Étères ornaient leur esprit de toutes les connaissances agréables, et souvent elles avaient beaucoup de vertu; mais elles ne pouvaient jamais avoir l'état civil.

De là vient encore que chez nous quelque savant a dit, que le véritable amour ne pouvait exister avec les femmes. Quiconque ne trouve dans l'objet aimé que la beauté du corps, aime ce que l'objet aimé possède, et non pas l'objet lui-même. 1)

Je ne sais quelle a pu être l'intention de nos législateurs en faisant de pareilles institutions : il est à présumer qu'elles se sont formées sans qu'ils y aient pensé. Mais s'ils ont jamais cru qu'avec de tels moyens ils pourraient dégager l'ame des citoyens de toute affection domestique, et les rendre ainsi plus courageux et plus forts, certes ils se sont trompés : car les Étères obtiennent sur nous l'empire que les épouses n'exercent point ; et tu sais combien de fois les caprices de ces femmes ont dicté des lois dans Athènes ! On dit qu'à Corinthe on élève un grand nombre d'Etères, en mémoire de leurs prières à Vénus, par l'effet desquelles elles sauvèrent une fois leur patrie ; d'autres prétendent que c'est à cause du commerce : je pense qu'on a cherché dans cette institution un moyen de donner des lois à la Grèce. *

1) Ces paroles se trouvent dans PLATON.

* ATHÉNÉE, au lieu cité.

Si tu vas à Sparte, tu y verras au contraire que les femmes exercent un empire très-fort sur leurs maris. Un Spartiate, après son brouet noir et son javelot, n'a rien de plus cher au monde que sa femme; et cependant un Spartiate n'en vaut pas moins un Athénien. Je me rappelle le trait d'une femme de Sparte. Une Athénienne de sa connaissance lui portant envie, lui demandait: Pourquoi vos maris vous aiment-ils tant? Parce que, répondit-elle, les seules Spartiates savent donner des citoyens à la patrie: mot profond et vrai! car une femme qui a un état et une ame serviles ne saurait donner à son enfant l'éducation d'un citoyen.

Tu verras ici, en Italie, mille monumens élevés à l'amour filial, à la piété conjugale, à l'amour de la patrie, vertus sublimes dont les femmes ont donné tant d'exemples; mille fois elles ont sauvé leur pays par leur courage, par leurs dons généreux, par leurs conseils. Hélas! la Grèce s'est trouvée souvent dans de semblables dangers; mais nos femmes n'ont su que la couvrir de deuil, et la remplir de gémissemens et de trouble. * Le plus célèbre monument que

* Aristote rapporte cela même des Spartiates, *Polit.* II.

nous ayons est celui que le voyageur trouve dans le Céramique : *Aux Étères qui prièrent Vénus pour le salut de la patrie.* Tu verras en Grèce mille monumens élevés à la beauté des femmes, aucun à leur vertu. *

Si jamais j'étais fondateur d'une ville, je voudrais, avant tout, rendre égale la condition des deux sexes. Quelques-uns ont ri de mon projet, et ils ont demandé si je croyais sérieusement qu'une femme pût manier la lance et courir dans les premiers rangs vers l'ennemi. Mais qu'est-il nécessaire qu'elles agissent ainsi? Je parlais de la justice éternelle : ils parlaient de cette convenance qui change selon les temps et les lieux. ** Est-il juste qu'une moitié du genre humain puisse faire, ainsi que l'autre, tout ce qu'elle veut? Eh bien! réglez vos lois selon la justice, les hommes verront entre eux ce qui est utile. Mais sans ce qui est juste, ce qui est utile ne peut exister, parce que là où il n'y a pas d'égalité, il n'y a pas de choix.

L'école de Pythagore est la seule qui jusqu'à

* Dicéarque.

** On sait que les *Livres* de Platon *sur la République* ne sont autre chose qu'un traité sur la justice.

présent ait saisi cette vérité; et cette école a produit dans les mœurs de l'Italie cet utile changement qui aujourd'hui distingue tant les femmes italiennes de celles qui habitent au-delà de la mer Ionienne. Auparavant l'on traitait les femmes dans ces villes comme on les traite parmi nous. Pythagore aperçut combien il importait à la réforme des mœurs publiques d'ennoblir la condition d'épouse et de mère; combien il importait à l'établissement de sa secte d'avoir les femmes pour lui. Il obtint leur suffrage en leur offrant l'état civil dont elles ne jouissaient pas; et, par une bonne éducation, les rendit dignes de leur élévation nouvelle. Il parvint ainsi à réformer les mœurs; mais s'il eût omis d'employer l'un ou l'autre de ces moyens, il eût produit plus de mal que de bien. Jamais réformateur de peuple ou de religion n'arriva à son but sans s'être emparé de l'opinion des femmes, qui, douées d'un esprit plus mobile, plus souple, ainsi que d'une imagination plus ardente, ressentent et communiquent plus facilement l'enthousiasme nécessaire dans les grandes réformes. Mais sans une éducation analogue à l'état auquel Pythagore les avait élevées, elles n'eussent pu le conserver long-temps d'une manière avantageuse à la cité. Il n'y a rien de pire que l'individu à qui la nature et l'éducation ont donné une ame esclave, et que l'aveugle fortune pousse à commander.

Eh! que m'importe, diras-tu, ce que fit Pythagore, ce qu'on fait à Sparte, ce que tu voudrais qu'on fît, et ce qu'on devrait faire? Parle-moi de Mnésille. — Tu as raison.—Si ce discours n'est pas trop long pour un philosophe, il l'est trop pour un amoureux. Mais tu te souviens de ce précepte de Socrate, que la philosophie ne doit point nous abandonner, pas même dans la circonstance la moins importante de la vie, parce qu'il n'en est aucune où elle ne puisse nous être utile. Tu tireras de mon discours des motifs pour devenir meilleur, et des moyens de gagner le cœur de Mnésille.

Rappelle-toi que tu n'es plus dans Athènes, où un contrat entre ton père et le sien amenerait dans ta maison une fille que tu ne connaîtrais pas et qui ne t'aimerait point. Si tu veux posséder Mnésille, tu dois la conquérir et même la mériter. Elle est l'unique juge de l'homme digne de son amour. Regarde-la comme cette Aspasie devant qui Socrate se taisait souvent, et dont Périclès lui-même ne dédaignait pas les conseils; mais à la différence d'Aspasie, ses jugemens seront plus généreux, plus solides, parce qu'elle n'est pas obligée de feindre pour obtenir dans la cité, de la faveur d'un homme, un état que la loi ne lui accorde point. Les Étères n'ont rien, et doivent tout obtenir. Quelle que soit leur conduite, quel que soit l'art avec lequel elles déguisent leur pensée, elles se vendent toujours: une jeune personne libre se donne.

CHAPITRE VII.

DE CLÉOBULE.

ARCHITAS est revenu. Sa présence n'a point affaibli en moi l'opinion que la renommée m'avait donnée de lui. Si Tarente occupe la première place parmi les villes d'Italie, elle le doit à Architas.*

Il a été trois fois général de la confédération des Grecs, et sept fois de sa patrie. Il a soutenu plusieurs guerres, et il a toujours été vainqueur. Une fois ses ennemis parvinrent par leurs intrigues à le faire renvoyer, et les Tarentins furent battus. On disait qu'Architas, en se perpétuant dans le commandement, enfreignait les lois: comme si le principal objet des lois n'était pas que le gouvernement soit entre les mains des hommes les plus capables et les meilleurs!

Aujourd'hui Sybaris n'existe plus; et Turium

* DIOGÈNE LAERCE, sur *Architas*. — ÉLIEN dit qu'il fut capitaine seulement six fois. VAR. *Hist.* VII; STRABON, VI; SUIDAS, V, ARCHITAS.

qui s'est élevé sur ses ruines ne l'a jamais égalé. Locres et Crotone ne conservent plus que le nom et le souvenir de leur ancienne grandeur; et Reggium n'occupe plus que la première place après Tarente. La république de Tarente entretient quarante mille hommes d'infanterie, six mille de cavalerie, et une armée navale plus considérable que celle de terre. *

* STRABON, VI, dit trente mille d'infanterie et trois mille de cavalerie, non compris les troupes de réserve; et il ne parle point de l'époque la plus florissante de Tarente, telle que celle de notre temps. PLUTARQUE rapporte que quand les Tarentins invoquèrent le secours de Pyrrhus, ils dirent qu'ils n'avaient besoin que d'un général, parce qu'étant réunis aux Messapiens, aux Lucaniens et aux Samnites, ils formeraient trois cent cinquante mille hommes d'infanterie et trente mille de cavalerie. D'après ce fait, CARDUCCI, dans ses *Annotations sur le Poème d'Aquino* (*Deliciæ Tarentinæ*), croit pouvoir assurer que Tarente devait contenir deux cent cinquante mille habitans. S'il entend parler de la seule ville de Tarente, le nombre nous semble exagéré; s'il parle de la république entière, ce nombre nous paraît au-dessous de la vérité. La ville avait environ un mille et un tiers de surface carrée (voyez le plan à la fin de l'ouvrage); et deux cent cinquante mille hommes ne pourraient point habiter aujourd'hui sur un pa-

Les Tarentins ont su profiter de la situation de leur territoire et des relations qu'ils avaient avec leurs voisins. Elle était la plus heureuse

reil espace. Ajoutez que les anciens ne connaissaient pas les maisons à plusieurs étages, et qu'ils employaient plus de terrain à des édifices publics. Cette surface, qui pourrait contenir cent mille ames de la population actuelle, pouvait contenir à peine la moitié de l'ancienne population.

Si l'on parle de la république entière, en admettant qu'elle eût une force militaire composée seulement de quarante mille hommes, et en prenant un soldat sur huit hommes (calcul que beaucoup de personnes suivent comme le plus probable pour expliquer les nombreuses armées des anciens), on aurait une population de trois cent vingt mille hommes. Mais on doit ne pas perdre de vue que ce calcul, bon pour les Samnites et pour les Lucaniens, ne peut pas servir pour les Tarentins, qui, exerçant plusieurs arts, ayant un grand commerce et une marine puissante, ne pouvaient pas avoir des soldats dans la proportion d'un à huit, et auraient eu de la peine à en avoir dans celle d'un à douze. La population de la république de Tarente n'a pu être moindre de cinq cent mille habitans, et ce nombre se trouve proportionné à l'étendue de son territoire, qui équivalait à la vingtième partie de ce que nous appelons le royaume de Naples. Aujourd'hui l'on évalue la population de ce royaume tout entier, aux IV.e et V.e siècles

pour le commerce. En effet, il n'y a sur la mer Ionienne, depuis la pointe de Leucopetra jusqu'à Adria, aucun port qu'on puisse préférer à celui de Tarente. Le port de Brindes, qui peut-être par sa grandeur surpasse celui de Tarente, manque jusqu'à présent de la population nécessaire pour maintenir un commerce étendu.* Tous les autres ports de la mer Ionienne sont petits et peu commodes. L'Italie va en se rétrécissant au midi de Tarente; et là le commerce est partagé entre les peuples qui habitent les bords des deux mers. Ippone et Velia se partagent le commerce de Locres et de Crotone; Reggium partage le commerce de ces quatre villes. Tarente se trouve placé sur le front de l'Italie, qui commence à s'agrandir depuis la Messapie, et devient ainsi le centre commun d'un grand nombre de peuples.

Les Tarentins possèdent un objet des plus utiles à leur commerce, une denrée particulière qui ne craint point de concurrence : c'est la

de Rome, à dix à douze millions d'ames environ; et ceux qui suivent l'opinion de Wallace en conviennent.

* On voit que, dans le temps où cet ouvrage fut écrit, Brindes n'était pas ce qu'elle devint du temps des Romains.

pourpre. Il la tirent de deux espèces de coquilles, dont l'une fournit une liqueur d'un bleu foncé, et l'autre d'un rouge clair. Ce sont les préparations différentes et le mélange de ces deux liqueurs, qui produisent cette variété infinie de couleurs que l'on vend sous le nom de pourpre. La plus estimée est celle qui ressemble à la couleur violette.* La quantité de pourpre préparée à Tarente est si grande, que des coquilles qui en restent on a formé, hors la porte maritime, une petite montagne.

Les Tarentius préparent aussi avec les barbes d'une coquille une laine qui est beaucoup plus moelleuse que la laine ordinaire; sa couleur naturelle ressemble à celle d'un tissu de fil de fer et d'or travaillé : elle en a en partie le brillant. **

Les peuples voisins de Tarente servent à son commerce et à sa force : *à son commerce*, parce qu'ils n'ont point d'arts, mais une grande abondance de productions, que leur fournit un territoire fertile et cultivé avec soin : ils les livrent

* Voyez l'*Appendice IV*.

** Voyez le lieu déjà cité.

à bon marché aux Tarentins, qui leur vendent fort cher les produits de leurs manufactures : *à sa force*, parce qu'étant peu nombreux et divisés, ils ne peuvent, lorsqu'ils sont ennemis, inspirer à Tarente aucune crainte ; mais ils peuvent, lorsqu'ils sont amis, augmenter considérablement ses forces. Les Crotoniates, les Locriens, les Reggiens, les Turiens, sont limitrophes des Lucaniens, nation puissante et populeuse, qui a ses intérêts propres, et ses motifs particuliers de paix ou de guerre. Les Tarentins ont pour voisins les Turiens, les Messapiens, les Salentins, les Apuliens, petites peuplades qui ne peuvent faire rien de mieux que de servir une nation plus grande. Les Tarentins les contiennent par leurs propres forces et par l'alliance des Lucaniens et des Samnites ; nations puissantes, mais trop éloignées pour être jalouses, et d'ailleurs amies des Tarentins, parce que deux puissances qui ne sont point jalouses entre elles se réunissent toujours lorsqu'il s'agit de partager les dépouilles d'une troisième.

Tels sont les principes par lesquels Architas a élevé Tarente au plus haut période de grandeur, et l'a placé au-dessus de toutes les autres villes de cette partie de l'Italie. Mais il ne s'est point arrêté là. Il a pensé qu'il n'aurait rien fait, tant qu'il n'aurait pas ajouté à la supériorité de l'empire même la supériorité du génie et des richesses.

Je te raconterai ce qu'il m'a dit à ce sujet. — On croit que Tarente fut fondé par Tara qui était un guerrier, fils de Neptune.* Vous autres Athéniens, vous avez sur votre origine

* PAUSANIAS, *sur Phocion;* SERVIUS, *sur l'Æneid.* liv. III, v. 551. — Entre l'époque fabuleuse de Tara et l'époque de Phalante, le pays de Tarente était, dit-on, possédé par une colonie crétoise qui vint s'établir en Italie environ deux cents ans avant la guerre de Troie. MAZZOCCHI (*ad Tabul. heracl.* pag. 93 et suiv.) croit voir dans Tara un fils de Noë, et reconnaît dans les Crétois ces Cévèthes à qui la Bible fait dire : *Nos sumus qui fugimus à facie Josue latronis.* Ainsi il était plus facile de montrer l'époque des événemens que de démontrer leur existence. Les Crétois étaient allés chercher Glaucus qui s'était jeté dans la mer et qui devint ensuite une divinité. Ils le cherchèrent d'abord en Sicile; mais ils en furent chassés par le peuple de cette île, qui ne le connaissait point. Minos, leur capitaine, y perdit la vie. Lapige, son fils, se dirigea avec plus de succès vers l'Italie; il ne pensa plus à Glaucus, et s'établit

une tradition, d'après laquelle Neptune et Minerve se disputèrent long-temps pour savoir à qui des deux il appartiendrait de donner son nom à votre ville. Ces fables sont imaginées par le peuple même; et si elles ne dévoilent pas leur véritable origine, elles font entrevoir du moins ses opinions. Vos ancêtres indiquèrent, par cette dispute des deux divinités, l'union de l'agriculture et du commerce : nos pères indiquèrent, par le guerrier fils de Neptune, l'union du commerce et de la guerre. Les Spartiates, qui vinrent dans la suite habiter ces rivages, préférèrent la guerre. Ils commencèrent par exterminer les habitans du pays, et par les réduire en esclavage. Ils détruisirent ensuite les peuples voisins. Faire la guerre n'était alors autre chose que détruire ou être détruit. On ne connaissait pas d'autre moyen de devenir grand, que de rester seul. Insensés! l'homme seul n'est ni grand ni petit; il est misérable. Quand vous aurez réduit l'Italie à n'être plus qu'un désert, vous n'aurez fait autre chose que détruire Tarente. Le premier effet des sciences

dans une partie de cette contrée, à laquelle il donna son nom. Ceci est rapporté par STRABON, VI.

a été d'accoutumer les hommes à regarder les conquêtes, non comme un moyen de se détruire, mais de se défendre; et, il faut l'avouer, on doit ce premier effet beaucoup plus à la religion qu'à la philosophie.

Tu as pu remarquer dans différens quartiers de notre ville des pierres sur lesquelles on a gravé les noms de plusieurs hommes qui ne sont plus. Ce sont les noms des Tarentins qui s'emparèrent de Carbina, terre des Japigiens. Dans l'ivresse et les fureurs de la victoire, ils renfermèrent tous les habitans dans un temple, et là, en présence des Dieux, après avoir assouvi toute la brutalité militaire, ils ne pardonnèrent, ni à l'âge, ni au sexe, et les égorgèrent tous. Tels furent nos ancêtres. On raconte que les Dieux, irrités d'un aussi grand crime, foudroyèrent tous ces vainqueurs criminels : nul n'échappa à la justice céleste. Leurs descendans même sont condamnés à une misère perpétuelle; et si dans Tarente on veut indiquer un homme extrêmement misérable, on dit : *Il est le descendant de ceux qui détruisirent Carbina.** On a cru utile de conserver toujours

* Athénée, liv. XII.

vivante dans l'esprit de nos concitoyens la mémoire de cette terrible vengeance du ciel.

Il paraîtra étrange, mais il est cependant vrai, que les hommes ne se reconnaissent pas semblables par la forme du corps et de l'esprit, que la nature a rendue commune à tous : pour qu'ils se regardent comme frères, il faut d'abord qu'ils aient des Dieux en commun. A mesure que les moeurs, la langue et les lois deviennent semblables, les divers peuples deviennent plus humains. L'Athénien commence par voir un Grec dans le Spartiate ; le Tarentin, un Italien dans le Crotoniate : ensuite la sagesse achève l'ouvrage et leur dit : Vous êtes les enfans de la même terre.

Le premier pas que la sagesse humaine fait pour arriver à ce but, est de persuader aux peuples qu'on ne vit point par la guerre seule. Les peuples, ainsi avertis, deviennent plus humains, parce qu'ils ont moins d'intérêt à être cruels. Il s'élève parmi eux une autre guerre, une guerre de commerce ; pour y remporter des victoires, il est nécessaire que les hommes se conservent et se multiplient.

Mais ce dont je me glorifie le plus, si jamais

l'homme de bien peut tirer quelque orgueil de ce qu'il a fait pour sa patrie, c'est d'avoir persuadé aux Tarentins qu'il n'y a point de commerce sans les arts, et que l'agriculture est le premier de tous.

Nous avons la pourpre, et il y a quelque temps nous n'avions pas de laine. Nous fûmes obligés de vendre la pourpre à un très-bas prix, et d'acheter bien cher les étoffes teintes par les autres. A présent on commence à multiplier les troupeaux, et l'on a beaucoup de soin de notre laine, qui est devenue la meilleure et la plus recherchée.* Tu as observé sans doute les terres situées le long du Galés : elles sont couvertes de moutons, que notre industrie tient presque entièrement revêtus d'une peau, pour que leur laine ne soit pas gâtée par la boue et par l'intempérie des saisons, et ne se perde point entre les branches et les épines. ** L'homme est devenu plus industrieux, et la nature récompense plus généreusement son travail.

On a amélioré la race de nos chevaux.

* PLINE, VIII, 48; COLUMELLE.

** HORACE, II, ode 6.

Notre territoire, sec et tout en plaines, est très-propre à élever ces compagnons vigoureux des périls et de la gloire de l'homme. *

J'ai cru utile de recueillir les préceptes d'une bonne agriculture et d'en former un livre qui puisse rendre le peuple plus instruit sur cet objet : s'il est ignoré, il nuit également au riche et au pauvre; mais est-il connu, il est également utile à tous. ** Je n'ai jamais pu imiter ni louer ce que l'on raconte de votre Thalès: qu'il connaissait tout ce qui était utile à la vie, et qu'il mettait sa gloire à le mépriser. Si cela est vrai, il a bien mérité de tomber dans un puits en observant les astres.

Je ne me lasserai jamais de répéter aux Tarentins qu'il n'y a rien de plus utile pour eux que la bonne agriculture. S'ils me demandent comment Tarente s'est agrandie, je réponds que c'est *par une bonne agriculture.* — Comment Tarente peut-elle conserver sa grandeur? *Par la meilleure agriculture.* — Comment peut-on accroître sa prospérité? *Par l'agriculture la*

* Voyez l'*Appendice IV.*

** Varro, de R. R. I.

plus perfectionnée. — Ils veulent quelquefois des fables, et je leur rappelle qu'Apollon n'accorda autre chose à Phalante que *Saturum et les champs fertiles de Tarente.* *

* STRABON, VI.

CHAPITRE VIII.

DE CLÉOBULE.

Les Tarentins aiment beaucoup à s'assembler dans certains lieux où ils passent les plus belles heures du jour à bavarder. * Ils disent qu'ils agissent ainsi, parce qu'ils n'ont pas autre chose à faire. Heureux ceux qui n'ont rien à faire! Je ne te parle point des marchands qui se rassemblent sur le môle ou dans le quartier des argentiers, ni des hommes d'affaires qui ont coutume de se réunir dans le Forum ou dans les tribunaux, ni des sages qui se réunissent dans des lieux plus retirés. Quels sont donc ceux dont je te parle? On ne peut dire qu'ils soient hommes publics, marchands, agriculteurs, ou philosophes; mais ils sont un peu de tout cela. Si je devais les peindre, je me servirais des paroles avec lesquelles Alexide décrit l'amour : Il n'est ni mâle ni femelle, ni dieu ni homme, ni fou ni sage; c'est

* Les Tarentins étaient les plus fameux bavards.

un mélange de tout, un seul individu qui présente mille natures différentes. *

Dans ces lieux où ils ont coutume de se rassembler, il s'y réunit aussi des marchands qui ont des vins vieux des plus exquis, d'autres liqueurs précieuses et des comestibles de tout genre. Là ils vendent ce qui étant de plus mauvaise qualité, ne pourrait se débiter que difficilement ailleurs; ce qui est bon s'y vend au plus haut prix. Les marchands de fruits cachent toujours les plus mauvais, et ne montrent par-dessus que le petit nombre des meilleurs. Un jeune homme s'approche : Quels beaux fruits ! s'écrie-t-il. Il devrait les examiner; mais sa maîtresse a dit qu'ils étaient beaux : comment contredire sa maîtresse ? On les achète donc en gros, les croyant tous excellens. Toutes les passions de la vie humaine sont calculées dans le commerce.

Là on voit accourir en foule toutes les femmes qui veulent faire des conquêtes. Veux-tu que je te fasse le récit d'une conversation tenue dans cet endroit ?— Nous étions ensemble Néarque et moi. Nous vîmes arriver cinq jeunes gens des prin-

* *Alexis*, *sur Phèdre*, dans Athénée.

cipales familles de Tarente. Il y avait avec eux un de ces nobles parasites qui vivent aux dépens des jeunes gens riches, qu'ils flattent. Néarque les connaissait tous. — Bon jour, Néarque, dit Crobile. Eh quoi! tu es devenu invisible à tes amis. — Ne savez-vous pas, répondit le petit Mnestère en souriant, que Néarque est devenu philosophe? Et ce bon Athénien, son ami et le mien, est philosophe aussi. — En ce moment une jeune dame passe. — Bon jour, Isostasiette: et tous courent après elle. Comment! vous ne resterez pas un moment avec nous? — Oh! je ne peux pas aujourd'hui; j'ai passé par ici pour quelques affaires, et je m'en vais bien vite. Je suis en négligé. — Vous êtes toujours très-belle. — Moi! vraiment je ne suis pas comme.... Je vais tout bonnement. — Mais voyez, une certaine décence.... une certaine décence.... qu'en dis-tu, Néarque? — Allons, allons, dit Crobile, vous êtes toujours charmante; demeurez, buvez avec nous un verre de vin. — Garçon, apporte du vin, mais qu'il soit excellent; apporte-nous aussi des huîtres, du saucisson de Lucanie. — Néarque et son ami nous feront la grace de rester avec nous: n'est-ce pas?

Il nous parut décent d'accepter l'invitation. Nous nous assîmes autour d'une petite table qu'on avait préparée. Isostasiette voulut s'asseoir entre nous deux. — Vous êtes bien mal placée entre deux philosophes, dit Mnèster. — Au contraire, les philosophes me plaisent beaucoup, répondit-elle. J'ai entendu dire tant de bien d'un certain philosophe appelé *Aristippe!* on dit qu'il sait si bien aimer les femmes! On m'a tant parlé de la fortune que votre Laïs a faite avec lui, que je suis tentée de partir de Tarente pour aller voir Aristippe. — Et pour en faire la conquête? répliqua Mnestère. — Pourquoi pas? Ne suis-je pas une femme comme Laïs? Je vous le répète: j'ai un grand désir de faire la conquête d'un philosophe, d'un général, d'un gouvernant comme Périclès. Il y va de mon amour-propre. — Les Tarentins, soit généraux, soit philosophes ou magistrats, sont tous sans éducation. — Oh! pour moi, je le dis toujours: mes très-nobles Tarentins, pardonnez ma franchise; les étrangers sont tout autre chose. — Eh! qui peut le nier? dit Crobile: tout, jusqu'à leur langage, est plus agréable. Avant-hier, mon oncle, que la goutte retient dans son lit, fut visité par un médecin de la Thrace : c'était un plaisir de l'entendre parler. Au lieu de lui ordonner un *verre de tisane*, il ordonna une *tisane en un verre :* nous disons *bieta*, et il prononçait *peta.* * Ne vous semble-t-il pas que sa prononciation est plus douce? — A propos, garçon, apporte-nous des figues de l'Attique. On regarde celles de Tarente comme les meilleures; mais elles ne sentent pas la marée. Apporte-nous du vin de la Grèce. Le vin de Tarente est bon, doux au goût, sain pour l'estomac : mais il est peu pétillant, peu fumeux ; il ne porte pas à la tête. ** Qu'en dis-tu, Cléobule ? — Je trouve les figues de Tarente aussi bonnes que celles d'Athènes, et les hommes d'Athènes aussi fous que ceux de Tarente. Partout on vante les étrangers, et l'on méprise ses compatriotes et ses voisins. Dans le même jour, nous voulons tantôt des brouets noirs, et tantôt des sauces blanches. Nous voulons à la fois boire froid et chaud. Nous refusons de goûter du bout des lèvres un vin qui est âpre et un peu acide; et ensuite l'on compose l'*absirtaca* de porreaux, de cresson et de

* Fragmens des divers Comiques.

** Athénée.

grains de grenade ; et on la prend comme une boisson délicieuse. Que veux-tu ? telle est la nature de l'homme. — Garçon, dit Crobile, encore du vin. — Isostasiette s'écrie : *Bravo*, Cléobule, c'est agir en vrai philosophe ; c'est ainsi que j'aime les hommes. Dites-moi, Cléobule, y a-t-il dans votre pays beaucoup de femmes philosophes ? — Il n'y en manque point. — Voyez-vous, dit Mnestère, Bacchilide qui passe sous le portique du temple de Neptune ? Je la vois, dit Isostasiette : qui sait ce qu'elle y va faire ? Cependant elle ne devrait pas être fort contente : son amant l'a abandonnée. — C'était un amant bien tendre et bien riche. — Crobile répond. Je sais qu'il était couvert de dettes. — Mnestère ajoute : Ses chevaux étaient les plus beaux de Tarente. — Argirippe : Je ne changerais pas les miens pour ceux-là. — Isostasiette : Mon cher Cléobule, revenons à notre première conversation. Je veux aller à Athènes, je veux y étudier la philosophie. Que t'en semble-t-il ? Pourrai-je y réussir ? Quelle est la plus belle partie de la philosophie ? Quelle en est la partie la plus facile ? — Le parasite, qui jusqu'à ce moment n'avait ouvert la bouche que pour manger, commença à parler ainsi :

Finissez, finissez, ma chère Isostasiette, avec ces manies philosophiques. Je ne sais ce que vous y trouvez de beau. Buvons, buvons encore une fois, puis une autre, et puis une autre encore. Buvons toujours; vivons contens, et ne nous embarrassons de rien. Ma philosophie est toute dans une bonne table. C'est-là toute ma famille; c'est tout pour moi. Vertu, devoir, grades élevés, ambassades, commandemens de troupes : tout cela n'a rien de réel et s'évanouit comme la fumée. Bientôt viendra l'heure de la mort. Mes amis, nous ne trouverons autre chose que ce que nous aurons mangé.—Garçon, apporte-nous encore quelque chose; j'ai toujours faim : apporte-moi de la pâtisserie. —Comment la voulez-vous ? tarentine, crassienne, sicilienne, paulienne? * — Apportez-m'en de toute sorte.

* Les anciens avaient une grande variété de pâtisseries. *Voyez* Athénée, XV.

CHAPITRE IX.

DE CLÉOBULE.

Chaque art a ses règles, chaque homme a sa morale; le parasite même a la sienne.

Je te salue, Cléobule, me dit le lendemain Titamale.*— J'étais au palais avec Platon pour voir le candélabre que Denis donna il y a quelques années aux Tarentins, et qui a autant de lampions qu'il y a de jours dans l'année.** — Je te salue. —

Je t'ai reconnu hier dans le portique d'Hercule, avec Néarque et Mnestère. Je me suis attaché à toi, Cléobule. J'aime l'intérêt que tu portes à la philosophie. Il est vrai qu'hier j'en dis un peu de mal; mais que veux-tu? Nous sommes dans la société, et le plus grand nombre de ceux qui y étaient avec nous ne sont pas des philosophes. Au reste, informe-toi de moi; tous me connaissent : je suis homme

* Nom d'un parasite célèbre. *Alexis*, dans Athénée, VI.

** Athénée, XV.

à me contenter de dix lupins. Parle-t-on de boire de l'eau? je suis comme une grenouille. Parle-t-on de manger de l'herbe? je suis une véritable chenille. Si je ne dois pas me laver, je deviens la saleté même : pour supporter la chaleur, je suis une cigale; pour veiller, une chauve-souris *; enfin, je suis le premier pythagoriste de l'Italie.

Mais pourquoi, lui dis-je, avec des dispositions aussi heureuses pour la vertu, ne la professes-tu pas hautement? Tu as déjà fait ce qu'il y a de plus difficile : d'être vertueux.

Je te l'ai déjà dit, me répond-il, nous sommes dans Tarente et dans la société. Tu vois que l'amour des plaisirs domine dans notre ville. Considère tout ce peuple; il boit, il mange, il s'engraisse gaiement. Tous les Tarentins commencent par dire que les autres hommes travaillent pour pouvoir jouir un jour; mais eux, quand ils ont joui, ils croient avoir vécu. ** Nos fêtes sont plus nombreuses que les jours de l'année; et dans plusieurs de ces fêtes, que voit-on? une grande quantité de bœufs égor-

* *Alexis*, dans Athénée, VI.

** Théopompe, d'après *Athénée*, au lieu cité.

gés pour donner à manger au peuple. Dans peu de jours, nous aurons des banquets publics une fois par mois. * Si Architas gagne une bataille, *bravo*, crie la populace, nous aurons une fête et un repas public. Si l'on fait un traité avantageux avec les Turiens, les Syracusains ou les Carthaginois; *bravo*, s'écrie-t-on, *encore une fête et un banquet*. La république est bonne, parce qu'on y mange. Au milieu d'un tel peuple, que veux-tu que je fasse?

Je suis pauvre. J'ai besoin de manger. Lorsque quelque ami m'invite, ou que dans quelque maison on fait un mariage, je mets mon meilleur habit, et j'y cours. Je fais tout ce que je peux pour amuser les convives. Je fais l'éloge du maître de la maison : si quelqu'un ose lui adresser des reproches, je le défends. Je mange. Le soir, je me retire chez moi, pauvre diable, seul, sans lumière, parce que je ne peux pas avoir toujours un domestique. Si par hasard je rencontre dans la rue une patrouille, je la prie de ne pas me maltraiter, de me laisser aller à mes affaires; et si je puis arriver sain et sauf

* Cela arriva, en effet, dans les temps postérieurs à Architas. Athénée, au lieu cité; Strabon, VI.

chez moi, je me jette sur mon lit, et je jouis en paix de ce bon sommeil que m'a donné ce vin généreux prix de mes travaux du jour. *

Maudits soient ceux qui ont discrédité la plus honnête des professions! Il fut un temps où les parasites étaient ministres des dieux, et nourris par le public. ** Eh! sais-tu ce que c'est qu'un parasite? C'est le meilleur ami que tu puisses avoir : c'est le moins ennuyeux; et cela seul, crois-moi, est beaucoup. Si tu es gai, il l'est aussi; si tu es triste, il te console. Il n'est ni ton censeur, ni ton rival, ni ton émule. Il ne s'oppose à aucun de tes désirs; il ne te dispute aucune jouissance. Tu ne trouveras aucun parasite qui désire voir son ami dans la pauvreté; il se fera mille fois tuer pour toi, si tu lui promets un souper pour prix de son dévouement. Eh! que font tous ces autres que j'appelle des *parasites satrapes?* Il n'y a de différence que dans le prix : un souper ou un commandement. Maintenant dis-moi, Cléobule, et toi aussi, Platon, qui es le plus grand des philosophes de notre

* *Alexis*, dans ATHÉNÉE, VI.

** ATHÉNÉE, au lieu cité.

siècle, est-il vrai que toutes les vertus n'ont d'autre but que de rendre les hommes unis entre eux ? Dites-moi ce qui manque à un parasite pour être l'ami par excellence ? — La volonté et la liberté de dire toujours la vérité, répondit Platon.

CHAPITRE X.

PLATON ET CRITON. 1)

..... Quand on a connu les sages et les fous d'une ville, l'on n'a pas encore connu tous les citoyens : il reste une classe moyenne, qui est la plus nombreuse, et composée de ceux qui, quoique fous, ne parlent et ne traitent que de choses qui devraient être réservées aux sages.

Tous les jours il se rassemble dans le portique de Phalante un grand nombre de personnes, dont la principale affaire est de raisonner de la guerre et de la paix de tous les peuples de la terre. Quand on est au milieu d'eux, l'on croit être dans un conseil de rois. Batailles gagnées et perdues, généraux récompensés ou punis, provinces et royaumes enlevés et donnés; voilà le sujet ordinaire de leurs conversations. Si quelque pauvre homme va leur parler de la récolte de l'année, de la stérilité de la terre,

1) Cette lettre paraît n'être point entière.

de l'intempérie des saisons, de la maladie qui fait périr les chevaux de Saturum: *Va-t'en*, lui dit-on, *avec ces inutiles propos : qui est-ce qui l'ignore? As-tu quelques nouvelles à nous donner de la dernière action qui a eu lieu en Sicile, à Selinonte, entre les Carthaginois et les Syracusains?*

Tu croirais qu'ils savent déjà tout ce qu'il est utile de connaître pour l'intérêt des affaires de leur pays: non, ils les ignorent, et, ce qui est pire, ils les dédaignent. Ainsi ils se rendent inutiles dans la cité et méprisables au dehors.

Tu croirais qu'ils ont du moins sur Carthage, sur Syracuse, sur Athènes, sur Sparte, ces connaissances qui nous font devenir citoyens de ces républiques, et nous font prendre un vif intérêt à leur sort. Non, ils ne possèdent pas même ces connaissances-là. Ceux que tu vois les plus turbulens et les plus entêtés sont précisément ceux qui te diront que le grand roi habite une île; que de l'Afrique on peut passer par terre en Sicile. La bavarde Athènes elle-même le cède à Tarente pour le nombre de ces hommes qui, comme le disait Socrate, savent tout, excepté la science du bien et du mal; de ces jeunes gens qui ont tout appris, excepté à respecter les vieillards; de ces imbécilles qui ont la présomption de connaître la république sans s'être auparavant connus eux-mêmes. * Crois-moi, mon cher Criton, les maux sont partout les mêmes.

Peut-être un jour quelqu'un mettra un terme à leurs bavardages. ** Architas ne s'en inquiète guères, quoique très-souvent on parle de lui, et pas toujours avec justice. Eh! quelle justice espérer de ceux qui s'asseyent tous les jours sous un portique pour raisonner sur les affaires politiques? Ils croient devenir rois un jour. Quelqu'un a conseillé à Architas de prohiber de tels rassemblemens. Il a répondu: Tu veux donc que le peuple croie aux discours de ces gens-là? Nul homme ne montre sa folie, et le peuple ne l'aperçoit jamais au premier moment. Si tu veux remarquer un fou ou un sot, laisse-le parler long-temps. Si tu lui fermes d'abord la bouche, tu cours risque de le faire regarder comme sage.

* PLATON, *Alcibiade*, I.

** Cela arriva dans la suite, lorsque la liberté fut enlevée à Tarente par ces généraux étrangers qu'elle avait appelés. STRABON, VI.

De pareils hommes sont toujours très-nombreux après les troubles civils, tels que ceux dont naguère ces villes d'Italie ont été agitées. Pendant l'anarchie des lois, chacun doit abandonner ses propres affaires pour s'attacher à un parti; pendant l'anarchie des idées, chacun doit choisir une opinion. Chacun se jette dans le tourbillon, l'esprit plein de pensées, de desseins, de désirs et d'espérances. Lorsque ensuite les affaires se rétablissent, la plus grande partie de toutes ces pensées et de ces espérances ne peut manquer de s'évanouir, parce que dans les troubles publics chacun avait ses pensées, ses désirs et ses propres espérances; tandis qu'au retour de l'ordre il n'y a que les espérances, les pensées et les désirs de tous qui puissent rester et survivre.

Déjà dans Tarente on dispute chaque jour sur la meilleure forme de gouvernement : il y a des personnes qui défendent l'état populaire; d'autres se plaignent que les gouvernemens existans ne sont pas assez olygarchiques.

Retournez à vos affaires domestiques, ai-je dit à quelques-uns de ces hommes-là; faites en sorte d'être mieux dans vos familles, vous serez encore mieux dans la cité. Si vous voulez toujours vous occuper des affaires publiques sans prendre soin de vos intérêts privés, vous ressemblerez à ces voyageurs qui, à force de curiosité pour examiner les édifices publics des villes où ils arrivent, négligent de se procurer un logement, et se plaignent ensuite que dans cette ville on est mal logé. Si vous voulez être des citoyens heureux, devenez auparavant des hommes vertueux. Lorsque Pandore ouvrit sa boîte pour la première fois, tout ce qu'elle contenait était bien, parce que tout est bien sortant des mains des Dieux. Mais leurs dons deviennent souvent funestes au peuple, parce qu'il ne connaît pas les véritables rapports des choses, et que souvent il veut jouir de celles qui ne peuvent se concilier entre elles.

Vos ancêtres étaient libres, parce qu'ils étaient forts et vertueux. Vous n'êtes plus vertueux, et cependant vous voulez continuer à être gouvernés comme l'étaient vos pères; vous voulez réunir des choses opposées par leur nature, la folie dans vos actions et la sagesse dans votre gouvernement. Vous voulez être fous impunément, et sages sans inconvénient. Vous n'obtiendrez ni l'un ni l'autre, et vous vous perdrez.

Vous êtes énervés par les plaisirs des sens; vous êtes fous de vos chevaux, de vos carosses et de vos maisons de campagne; vous consumez un tiers de votre journée à vous parfumer, à vous peigner; un autre tiers, vous le donnez au libertinage et à la table; l'autre tiers est pour le sommeil. Pourquoi ne jouissez-vous pas en paix de ces biens que vous offrent un sol fertile, un ciel heureux et un commerce immense? Pourquoi rappelez-vous inutilement les temps de Phalante et de ses terribles compagnons?

Vous ambitionnez la gloire des armes, et ensuite vous craignez les dangers de la vie militaire: vous en craignez les travaux, encore plus que les dangers. Par votre orgueil vous irritez les nations les plus puissantes. Vous prenez part, tantôt aux dissensions des Lucaniens, tantôt à celles des Napolitains: * il n'est pas une nation voisine ou éloignée avec qui vous ne soyez, ou en guerre, ou liés par des traités plus dangereux que la guerre. Et lorsqu'ensuite l'ennemi, fatigué de souffrir votre tyrannie, voudra se ven-

* Tite-Liv., Déc. I, Liv. vi et suiv.

ger, vous ne pourrez pas lui résister : vous serez obligés de lui céder, ou de vous donner à un autre allié, lequel, sous le nom de protecteur, sera pour vous plus onéreux qu'un conquérant : ainsi, sans acquérir de gloire, vous perdrez tout, jusqu'à vos plaisirs.

Vous ne savez pas vous gouverner, et cependant vous vous élevez insolemment contre tout homme sage qui veut prendre soin de vos affaires publiques; et vos jeunes gens ne cessent de vous échauffer l'imagination par des comparaisons d'un meilleur gouvernement et par des idées d'égalité et de liberté. Insensés que vous êtes! vous voulez être tous égaux, c'est-à-dire être tous également heureux; et cependant vous ne placez pas votre félicité dans la vertu, qui seule, parmi les dons des Dieux, a été également distribuée à tous les hommes! Vous voulez être libres, et vous commencez par être esclaves de vous-mêmes!

Ces désirs chimériques d'un état meilleur, vous feront perdre un jour cet état dans lequel vous pourriez être heureux, si vous saviez vous en contenter, persuadés qu'en toutes choses on en trouve toujours une meilleure. Qui peut mettre des bornes à l'imagination de celui qui cherche des motifs pour ne pas être satisfait? Mais la meilleure des choses est celle dont l'homme est content. Vous aurez guerre sur guerre jusqu'à ce que vous soyez devenus la proie d'un maître étranger; vous passerez de révolution en révolution, jusqu'à ce que, fatigués par les erreurs et par les crimes de ceux qui vous y ont entraînés, vous arriviez au dernier degré d'avilissement dans lequel puisse tomber un peuple; c'est-à-dire, au point de croire que la liberté est une chimère.

Je fais dire souvent tout cela aux Tarentins par notre ami commun Architas, qui seul pourrait leur rendre le bonheur, si des insensés en étaient susceptibles. Mais les Tarentins me font des reproches comme si je prêchais la tyrannie. * Tel est l'état de corruption dans lequel sont tombés tous les peuples qui ne peuvent plus supporter ni leurs vices, ni leur réforme! et c'est ainsi que, par une espèce de prodige, l'on voit les vérités de la philosophie condamnées par les sages et prêchées par les fous.

* Athénée.

CHAPITRE XI.

CLÉOBULE A SPEUSIPPE.

La première curiosité de tout voyageur est satisfaite. Il est temps de devenir sage, pour ne pas perdre le fruit que je me suis promis d'un voyage qui me retient et me retiendra encore éloigné de ma mère et de toi. Je me suis adonné tout entier à l'étude de la philosophie de Pythagore et des Italiens.

Mnésille, diras-tu, n'a pas peu influé sur cette résolution. Et pourquoi le nier? il est si doux d'être de la secte de la personne qu'on aime! Au milieu de tout ce qui m'est arrivé d'heureux, je ne compte pas pour peu de chose d'avoir eu Platon pour maître, d'avoir eu par là Aristote pour compagnon et Mnésille pour amie. Le plus difficile, dans l'étude de la sagesse, est de parvenir à l'aimer.

Si j'étais venu en Italie dans d'autres temps, il ne m'aurait peut-être pas été facile d'être admis parmi les Pythagoriciens. Ils formaient alors un collége, * dans lequel il y avait beaucoup de grades ; il était difficile d'être admis au premier, et très-difficile de passer de celui-ci aux autres.

Il y avait des colléges d'hommes et de femmes. Dans les uns comme dans les autres, il y avait les *Pythagoristes* et les *Pythagoriciens*. Les premiers étaient plutôt les amis dévoués de Pythagore, que ses compagnons.

Pythagore avait fait bâtir dans chaque ville un temple aux Muses. ** Veux-tu savoir ce que c'est qu'un temple consacré aux Muses? Nous n'avons point en Grèce de semblable institution. Représente-toi un édifice des plus considérables, entièrement consacré à l'étude des sciences. Il y a des salles pour toutes les classes d'élèves. Quelques-unes, très-vastes, sont pour les Pythagoristes des deux sexes ; quelques autres, plus petites, pour ceux qui sont initiés aux hauts grades. Il y a des salles destinées pour les bibliothèques ; chaque Pythagoricien qui écrit un livre rend hommage au collége

* C'est ainsi que j'ai cru devoir traduire le mot *système*, nom que les Pythagoriciens donnaient à leur société. *Voyez* Bruker, H. C. Philos. *De Phil. ital.*

** Jamblic, *Vie de Pythagore.*

à qui il appartient, en lui en offrant un exemplaire; plusieurs ont aussi la coutume de publier leurs ouvrages au nom du collége et de Pythagore lui-même. * Ainsi les livres des Pythagoriciens se conservent; et sa doctrine se transmet dans un collége d'un siècle à l'autre. Mais les derniers troubles politiques de l'Italie ont fait disparaître beaucoup de livres par l'incendie des colléges de différentes villes. Aujourd'hui la bibliothèque de Tarente est celle qui renferme le plus grand nombre de livres.

Il y a un temple dans le Musée; mais dans celui-ci on ne fait pas de sacrifices sanglans. De là est venu le proverbe populaire, que les Pythagoriciens s'abstenaient de l'usage de la viande. Pythagore regardait comme très-utile d'accoutumer les hommes à croire que les Dieux n'aiment point le sang, et qu'on ne se les rend point favorables par la pompe et les dépenses énormes des sacrifices, mais par la vertu et la vérité. Ils sont également impies, dit Platon, ceux qui nient l'existence des Dieux, et ceux qui croient acheter leur faveur par des offrandes. **

* Bruker, *Fabric.*, *B. G.*

** Platon, *Des Lois.*

On raconte que la première fois que Pythagore arriva en Italie, il prêcha l'abstinence de la viande; on m'a instruit des motifs qu'il en donna aux Italiens, et je peux te les faire connaître.

Que pensez-vous de ces motifs? demandai-je à Mnésille. — Je crois, me répondit-elle, que Pythagore a prêché la tempérance et rien de plus. Peut-être aura-t-il enseigné aussi sa sublime doctrine sur la justice, qui réunit et lie tous les êtres de l'univers; et il aura dit aux hommes qu'il est injuste d'être cruel envers le plus petit des êtres vivans. Cet insecte que le vent transporte, que nous foulons à nos pieds, et que nous ne savons pas distinguer de la boue sur laquelle nous marchons; cet insecte a, comme nous, une vie et des droits à la vie : et toi, homme, en le méprisant, tu t'accoutumes à être injuste et cruel. Tu commences par l'être envers les animaux : peu à peu tu le deviendras pour tes semblables, pour tes frères et pour l'auteur de tes jours. La première fois que votre peuple d'Athènes versa le sang humain, ce fut en condamnant * quelqu'un qui était réellement

* Plutarque, *De l'usage de* [illegible]

scélérat; mais il a fini par condamner à la mort Théramène et Socrate. Peut-être aussi, et cela est probable, que dans les temps anciens et barbares, quand les hommes encore incivilisés ne savaient vivre que du produit de la chasse, Pythagore, qui voulait les appeler à cette civilisation à laquelle on ne parvient que par le moyen de l'agriculture, leur aura dit : Ne savez-vous donc pas vivre sans verser le sang ? Vous insultez ainsi à la bienfaisante Cérès et au généreux Bacchus, comme si leurs dons ne suffisaient pas pour soutenir la vie ! Vos cœurs ne sont-ils pas émus en voyant palpiter les entrailles de ce jeune taureau que vous avez égorgé pendant qu'il passait sur la route, et quoiqu'il pût être l'utile compagnon de vos travaux ? Pythagore ou quelque autre philosophe ont dû parler ainsi ; et ils auront revêtu leurs discours des couleurs les plus vives et les plus propres à émouvoir l'imagination des peuples. Quand on traite avec la multitude, *il est nécessaire, pour frapper juste, de viser un peu plus haut*. En matière de morale, le peuple se rappelle ce qu'il y a de plus austère, parce que la partie dominante de son esprit c'est l'imagination, qui a son premier aiguillon dans le merveilleux. Je peux t'assurer, et tu l'as observé toi-même, qu'Architas et Clinias mangent de la viande; mais tu trouveras tel Pythagoriste qui, au contraire, s'en abstient. Épicharis croit que la prohibition s'entend seulement de la viande des animaux vivans, et s'imagine ne pas violer cette défense quand il les tue et qu'il les mange ensuite.* Ainsi le merveilleux touche de bien près à l'absurde et au ridicule.

Voilà tout ce que Mnésille m'a dit touchant l'usage de la viande. Je sais que certain Pythagoricien s'abstient aussi de manger des fèves. On raconte que deux d'entre eux, poursuivis par les satellites du tyran Denis, et ne pouvant se sauver qu'en traversant un champ de fèves, aimèrent mieux se laisser tuer que d'être souillés par le contact de ces légumes qu'ils détestaient. On raconte le même fait de Pythagore.** Les événemens que l'on répète et que l'on attribue à diverses personnes sont le plus souvent faux; ils sont comme les bons mots qu'on prête à mille personnes et que personne n'a dits. J'ai essayé de

* Alex. dans *Athénée*.

** Barthélemi Bruker, *H. C. P. de la secte italienne*.

connaître les motifs de cette aversion, que plusieurs Pythagoriciens (non pas tous) ont pour les fèves. Veux-tu savoir ce que j'en ai appris jusqu'à présent? L'un d'eux m'a dit qu'ils les ont en aversion, parce que leur couleur ressemble à celle des portes de l'enfer. Un autre dit : *Nous les réputons sacrées, parce qu'elles ressemblent à ces parties.... C'est, très-vrai* répondit un Égyptien; *à ces parties d'Osiris que Typhon a jetées dans la mer, et que la bonne et désolée Isis a tant cherchées. C'est pour cela que cet usage vient de mon pays, d'où vous sont venues tant d'autres choses.* Un autre ajoute : *Tu n'as jamais vu que les fèves bouillies, exposées pendant quelques nuits au clair de la lune, deviennent comme du sang? — Moi? non, jamais. — Et cependant, crois-moi, la chose est comme je te le dis. Pythagore écrivait sur un miroir, avec ce sang, ce qu'il voulait, le plaçait en face de la lune, et on lisait son écriture imprimée sur la face de cette planète. Nous ne savons en faire autant; mais cependant la chose est certaine.* — Enfin, un Athénien qui se trouve ici croit très-fermement que Pythagore a défendu l'usage des fèves par respect pour le peuple athénien, qui se sert de ce légume pour donner ses suffrages; et ce motif ne me paraît pas le plus insensé. *

Ce que j'ai appris de plus vraisemblable, c'est que ce même usage est très-ancien en Italie, où, encore aujourd'hui, il est défendu aux prêtres de certaines divinités de toucher aux viandes non cuites et de manger des fèves : il n'est pas même permis de nommer ces dernières. ** Tu sais que, dans tous les pays, les prêtres sont les plus soigneux gardiens des anciens usages. Ils les retiennent quand le reste du peuple les a abandonnés; et c'est ainsi que ces usages deviennent mystérieux. Tel habit qui rend aujourd'hui un prêtre respectable, était peut-être l'habit commun à tous les citoyens lorsque son sacerdoce fut institué. Qui peut savoir d'où est venue cette aversion liturgique pour les fèves? Aujourd'hui le peuple admire cet usage, parce qu'il est incompréhensible pour lui. Il le respecte, parce qu'il respecte les prêtres qui le conservent encore; il respecte également Pythagore : donc, tel est le raisonnement du peuple,

* *Voyez* Lucien, Bruker, Bonafide, etc. etc.

** *Fabius Pictor*, dans Gall. X, 15.

le philosophe ne peut avoir permis ce que le prêtre a défendu. Dans cette dispute, tu vois bien que le philosophe est le plus docile et le plus traitable : ce ne serait pas la seule et la première fois qu'on attribuerait à la philosophie des choses que la superstition seule a inventées.

CHAPITRE XII.

DE CLÉOBULE A SPEUSIPPE.

Il y a dans ces musées (1) dont je t'ai déjà parlé, des stades, des jardins, des bosquets, des portiques, des salons pour la musique. Les Pythagoriciens regardent la musique comme le premier parmi les arts qui conservent la pureté de l'ame, et la gymnastique comme le premier des arts qui conservent la force du corps. Ils aiment beaucoup les bains et recommandent particulièrement la propreté. Leur vêtement est éloigné du luxe, mais il est d'une extrême décence. Leur habit est ordinairement blanc ; on dit que Pythagore avait coutume d'en porter un de toile.

Quelques Pythagoriciens vivent en commun dans le même musée. D'autres y vont entendre leurs leçons ou conférer de leurs affaires avec eux.

Le soin principal des premiers est l'éducation des jeunes gens, que les parens ont coutume de

(1) Cléobule donne ici ce nom au temple des Muses.

leur confier lorsqu'à peine ils touchent à l'adolescence, et qui vivent avec eux dans le même musée. Tu as sûrement entendu parler des épreuves auxquelles on soumet ces jeunes gens; elles sont moins terribles, mais plus difficiles et plus efficaces, que les épreuves dont nous faisons usage dans nos mystères.

Il suffit de se rappeler qu'on est à Eleusis ou dans l'Attique, pour ne pas s'effrayer de la vue du Tartare, de l'enfer, des incendies, des morts, et de tous les autres spectacles qu'on vous fait voir dans le temple de Cérès. Ces spectacles pouvaient produire quelque effet utile, lorsque les mystères furent inventés; lorsque les temps étaient barbares, et les crimes faciles, souvent même impunis; lorsque, dans l'absence de toute justice et de toute force publique, les assemblées mystérieuses servirent, ainsi qu'il est probable, comme de voile à la justice privée, qui quelquefois a réparé beaucoup de maux, et quelquefois aussi en a produit un grand nombre. Alors le principal mérite de ceux qui voulaient être admis dans ces assemblées était le courage.*

* Le nom qu'on donnait aux associés était *Sodes*. L'é-

Aujourd'hui toutes ces illusions sont évanouies; et si l'homme est prudent, il n'a pas besoin de courage : ainsi se dénaturent et deviennent inutiles toutes les institutions trop anciennes.

Les Pythagoriciens, au contraire, vous éprouvent par l'exercice de toutes les vertus. Ils examinent tout avant de vous admettre ; vos mouvemens, vos pas, vos paroles, votre physionomie, vos parens : rien n'échappe à leurs recherches. Autrefois Cilon ne fut point admis, parce qu'il appartenait à une famille trop puissante, et qu'il démontrait, par son visage, par ses gestes, par sa voix, un cœur cruel et un esprit lâche et dominateur. Ce n'est pas vrai ce qu'on a dit, qu'il était nécessaire de renoncer à tous ses biens en entrant dans ces ordres. Il n'est pas vrai non plus qu'on doit renoncer à tous les autres avantages et à tous les liens de la société : tout cela a été imaginé par les hommes vils qui ne connaissent pas de milieu entre désirer des richesses et en être esclave. Les Pythagoriciens exigent ce qui est le plus utile à l'humanité et en

tymologie de ce nom est *si tu audes. Voyez* VICO, *Sur le principe et la fin unique du droit universel.*

même temps le plus difficile pour l'homme ; de posséder les biens de la fortune sans en être possédé. La mollesse, l'avarice, l'orgueil de la naissance, l'ambition, le bavardage : voilà à quoi ils vous obligent de renoncer. Celui qui veut être admis parmi eux doit se former un cœur nouveau. La plus légère infraction à ces lois vous arrête dans votre marche, ou vous fait chasser du collége. Alors les autres vous regardent comme mort *, et ils célèbrent vos funérailles.

Les épreuves doivent se prolonger pendant deux, trois, quatre et cinq années, à proportion des progrès que l'on fait dans l'amour de la vertu et de la vérité. Maintenant, dis moi, après les épreuves de nos mystères, un homme ne reste-t-il pas avec la même dose de courage qu'il avait auparavant ? Ne voyons-nous pas également initier tous les Athéniens ? Mais, après

* Les Pythagoriciens réputaient mort quiconque n'était pas de leur société. Ils ne connaissaient d'autre vie que celle de la vertu. Tous les écrivains parlent des rites et des cérémonies des Pythagoriciens. Il est inutile de les citer ici. On trouvera dans le *premier Appendice* la raison pour laquelle notre auteur n'est pas d'accord avec les autres sur quelques points.

l'exercice de cinq ans de vertu, ne te paraît-il point qu'un homme doit commencer à l'aimer véritablement?

Le genre humain a souffert de plus nombreux et de plus terribles malheurs par la folie et la scélératesse des hommes, que par les grandes révolutions de la nature: mais de tous les biens que la sottise humaine a empêchés, ce n'est pas le moins important que l'institution de Pythagore n'ait pas été adoptée dans toutes les villes; et parmi les maux que la méchanceté des hommes a causés, le plus grand est de l'avoir détruite même en Italie. J'ai donné à ma mère la nouvelle que j'avais été admis dans la secte des Pythagoriciens. Je crus lui apprendre un grand bonheur accordé par le ciel au fils qu'elle aime. Si j'avais un fils, qui sait s'il ne m'eût pas un jour écrit une pareille nouvelle?

Cette secte est dissoute. Un petit nombre de ses grands hommes se montrent encore, semblables à des tours que l'on voit s'élever de loin en loin et isolées au milieu des ruines d' une ville que l'incendie a consumée. Les jeunes gens n'aiment plus une science qui n'est pas celle des plaisirs. La rigueur des épreuves s'est ralentie. Diodore fut le premier admis dans cette société sans subir aucune épreuve. *

Il suffit aujourd'hui, pour être admis, de vivre d'une manière modérée, de posséder un savoir ordinaire, et d'être présenté et garanti par un Pythagoricien digne de foi. Je n'osai pas demander cette grâce à Platon; mais il a prévenu mes désirs. Ce sont Architas et Clinias qui m'instruisent.

Tu connais le premier, puisqu'il est allé plusieurs fois à Athènes. Clinias, vieillard respectable qui fut le compagnon de Philolaüs et le chef du collége pythagoricien d'Héraclée jusqu'à sa destruction, eut bien de la peine à sauver sa vie lors de l'insurrection de cette ville; et depuis que l'ordre y est rétabli, il passe ses derniers jours au milieu de ses amis dans Tarente, sa patrie. L'extrême modération de son ame est passée en proverbe. Il a tant de respect pour le nom des Dieux, qu'il aima mieux payer l'amende de trois talens que de prêter un serment. ** Les Dieux suprêmes, disait-il, n'ont rien de commun avec nous autres hommes, qui sommes

* Bruker, L. C.

** Jamblic, 33.

si petits. Par le serment, nous appelons l'esprit universel en temoignage de nos paroles 1). Or il est indigne de l'homme juste de douter seulement que ses paroles puissent être différentes de sa manière de penser. Tu sauras sa réponse à Prorus, l'ami d'Aristippe, qui lui demandait un jour quel était le temps le plus opportun pour s'adonner au plaisir de l'amour : *Lorsque*, répondit-il, *il te paraîtra convenable de supporter une grande perte.* *

Aujourd'hui ce respectable vieillard, plus content de lui-même que des hommes et de la fortune, vit dans le Musée avec deux ou trois de ses amis, tous occupés comme lui de l'éducation de la jeunesse. On éveille ses élèves avant le jour. Leur premier soin est de parcourir par la pensée tous les devoirs à remplir dans le cours de la journée. Ensuite ils se réunissent et saluent l'astre qui répand sur toute la nature les bienfaits du créateur. Une musique mélodieuse accompagne les hymnes sacrés qu'ils ont composés eux-mêmes pour la louange des

(1) Cicéron nous dit que les Pythagoriciens avaient conçue cette idée du serment.

* *Sympsos.* III, 6.

Dieux : ces chants réveillent l'ame engourdie par le sommeil. Des promenades agréables, des discussions à la fois aimables et sublimes, occupent les maîtres pendant que leurs élèves s'exercent à une gymnastique plus convenable à leur âge et à leurs forces. Vient ensuite un déjeûner frugal, composé le plus souvent de pain, de miel et de fruits. On y boit rarement du vin, que l'on regarde comme dangereux pour tous, et nuisible aux enfans. * Chacun remplit ensuite ses propres devoirs, qui sont d'instruire le peuple, de terminer les contestations, que les Tarentins soumettent ordinairement à leur arbitrage, et de mettre la paix dans les familles, etc. etc. Un dîner sain et frugal; un exercice modéré; l'examen de tout ce que les élèves ont fait pendant le jour, examen qui, bien fait, peut seul porter l'homme à la perfection dont la faiblesse de sa nature paraît le tenir éloigné; de nouveaux hymnes de louange envers les Dieux pour les remercier des jours qu'ils ont passés et des vertus qu'ils ont pratiquées; un sommeil tranquille, résultat heureux de la tem-

* PLATON, *Des Lois*.

pérance du corps et du calme de l'esprit : voilà la fin de la journée du sage.

Clinias donne à l'étude des sciences tous les momens qu'il ne doit point à la vertu. Il passe tout ce temps à la bibliothèque, nourrissant son esprit des sublimes vérités découvertes par les grands hommes qui ne sont plus. C'est ainsi que la flamme, lorsque l'aliment terrestre vient à lui manquer, s'élance d'un vol plus rapide vers le ciel, qui est son origine.

CHAPITRE XIII.

DISCOURS DE CLINIAS.

Tu vois, me disait Clinias en se promenant dans la bibliothèque, tu vois le dépôt de tout ce que les Italiens ont pensé. Les sciences sont très-anciennes parmi nous. Dans les premiers temps, elles eurent beaucoup de simplicité et traitèrent d'un petit nombre d'objets; ce nombre augmenta par le cours des années, et il a été nécessaire d'en faire une nouvelle division, qui, en favorisant le plus profond examen de chaque objet, empêchât la confusion de tous. L'ordre que tu observes dans la disposition de ces volumes, dépend de la division qu'on a suivie dans les idées qu'ils renferment.

Dans les premiers temps, les hommes, encore barbares et paresseux, comme le sont tous les sauvages, n'observèrent que les grands phénomènes de la nature. Le premier sentiment qui les porta à observer, fut la crainte. Ils recherchèrent la cause de ce qu'ils craignaient, et ils crurent la retrouver dans l'idée infiniment obscure d'un être ou d'une puissance très-forte que la crainte même avait fait imaginer. La crainte donna naissance à la religion, et toutes les sciences, dans leur origine, ne furent que religion. Cherchait-on la cause de la foudre? elle était dans les Dieux, parce que la religion était la première chose que les hommes eussent imaginée. Cherchait-on le motif d'un devoir? ils devaient le retrouver dans les Dieux, parce qu'ils ne s'étaient encore formé aucune autre idée. Les hommes ne connaissaient encore aucune autre cause universelle qui pût être le lien de tout. De là, chez les premiers peuples, les sages n'étaient que les prêtres eux-mêmes. La science de la nature n'était que la science des augures, c'est-à-dire, de la volonté des Dieux; la science de l'homme n'était que la science des sacrifices et des expiations, c'est-à-dire, des moyens de se rendre favorable la volonté de ces Dieux que le peuple craignait. *

Avec le temps on a découvert qu'entre nous et la divinité il existe une chaîne immense d'êtres qui dépendent les uns des autres; et avant d'ar-

* Vico, *Scienza nuova*.

river au dernier anneau, il faut connaître les rapports nécessaires des êtres intermédiaires, et la nature variée, d'où se forment les lois inaltérables, tant pour ceux qui en dépendent, que pour les autres qui ne dépendent que d'eux-mêmes. Pindare disait que *la loi est reine des mortels et des immortels*. Il reste cependant toujours une science de divination, parce que c'est sur elle que l'esprit de tous les peuples s'était modelé, et qu'étant impossible aux philosophes de connaître tous les anneaux de la chaîne, et le vulgaire ignorant la partie la plus difficile de la science, qui est le doute, à peine les philosophes s'arrêtent, que le vulgaire franchit tous les anneaux inconnus, et revient aux premiers par la mémoire.

Les philosophes divisent la philosophie en deux parties : l'une recherche ce qui est au dedans de nous, l'autre ce qui est au dehors. De là, la division générale de toutes les sciences en *morales* et en *physiques* 1); mais il y a en

1) *Science de l'homme*, *de moi*, *Science de la nature*, porte le texte. J'ai cru qu'il était mieux adapté à notre langue de dire : SCIENCES MORALES et PHYSIQUES.

moi une partie libre, et une autre partie soumise aux mêmes lois qui dominent tous les autres êtres de l'univers : ceux-ci ont au contraire une nature intrinsèque et immuable, et une autre apparente, qui se change selon notre manière de sentir et de voir. De là la science de l'homme doit avoir et a beaucoup de points de contact avec la science de la nature. De ces points descendent toutes nos connaissances pratiques, telles que la médecine, la gymnastique, la mécanique, et la partie instrumentale de la musique......

Cependant, avant de pouvoir connaître tous ces objets, il était nécessaire de préparer l'esprit de l'homme à la recherche de la vérité, afin de pouvoir la reconnaître dans toutes les circonstances, et, après l'avoir reconnue, la saisir puissamment et ne la perdre jamais. Cette troisième partie de nos connaissances est commune aux deux autres. Elle est presque la *science des sciences*, sans laquelle il n'y en aurait aucune autre, parce qu'il nous manquerait le seul moyen que nous avons de connaître la vérité. Nous l'avons appelée *dialectique*, parce que son but principal est d'instruire les hommes par la discussion. En effet, lorsqu'on recherche la vérité, l'homme est en discussion avec les autres ou avec lui-même.

Point de science sans dialectique, parce que la science étant la recherche de la vérité, on ne peut jamais rechercher ce qu'on ne connaît point. Notre esprit sera perpétuellement dans le doute, tantôt ignorant ce que nous savons, tantôt croyant savoir ce que nous ignorons.

— Crois-tu, ô Clinias, lui demandai-je, que l'homme puisse ignorer ce qu'il sait? qu'il puisse quelquefois croire savoir ce qu'il ignore? Je l'ai ouï dire mille fois par Platon; et il appelle cette ignorance la plus funeste et la plus honteuse de toutes.*

— O Cléobule, me répondit-il, elle est aussi funeste qu'elle est commune. Connais-tu ce grand nombre de demi-savans qui inondent la Grèce, *Gorgias*, *Protagoras*, *Prodicus*..... En grande partie, ce sont des Siciliens.** Les premiers ordres de citoyens une fois corrompus en Sicile, l'es-

* PLATON, *Alcibiade*, I.

** Il est connu que les Siciliens furent les premiers orateurs sophistiques.

prit humain ne pouvant plus pratiquer la justice, ne peut rechercher désormais la vérité; et il s'est retourné entièrement vers cette science qui seule sert à flatter l'homme puissant. Nous avons coutume de les appeler *sophistes*, de même que nous appelons *pieuses* les Furies.* Dis à quelques-uns d'entre eux que tu veux prendre le gouvernement des affaires publiques, et que tu veux apprendre d'eux la *science du gouvernement* : ils te diront qu'ils la connaissent. Ils t'enseigneront quelques maximes, et ils te renverront bientôt après de leurs écoles, déjà savant. Ils te trompent alors, en te faisant croire que tu sais ce que tu ignores : n'est-ce pas? — C'est très-vrai, ô Clinias! — Eh bien! confie à ces hommes un de tes mauvais désirs; dis-leur, par exemple, que tu pourrais t'enrichir aux dépens du pupille que la loi et la volonté d'un ami qui n'est plus t'ont confié. Tu sais que la bonne foi est sacrée. Mais ils te diront que les devoirs de la bonne foi doivent céder aux calculs de l'utilité; que..... J'ai horreur de te répéter ce qu'ils pourraient

* Euménides.

te dire. Mais quand ils t'auront convaincu, qu'auront-ils produit, si ce n'est de te faire douter de ce qui est certain, et croire que tu ignores ce que tu savais?

Un de mes amis d'Élée* qui n'est plus parmi nous, avait coutume d'appeler ces sophistes *des faiseurs de fausses images.*

— Ils te donnent donc, lui dis-je, leurs propres opinions, comme tirées des choses existantes. Jusqu'ici je t'entends. Mais, dis-moi, ô Clinias, qu'est-ce que la vérité?

Clinias. Tu l'as dit toi-même, ô Cléobule: le vrai est ce qui existe; ** le vrai est l'*être*.... Dire le faux est dire une chose qui n'existe pas.

Or, comment reconnaître la chose qui existe et la distinguer d'une chose qui n'est qu'ap-

* Noté d'Élée dans le *Sophistique* de Platon : il dit réellement : *Simulacres non divins.* Mais ces paroles, dans le système platonique, signifient la même chose que *simulacres non vrais.* Le monde n'était que le simulacre de l'idée qui en existe dans l'esprit éternel. Dieu qui avait créé le monde était un faiseur de simulacres; mais ils étaient vrais.

** Vico, *Des anciens sages de l'Italie.*

parente? Bien des choses nous semblent être, et n'existent point : beaucoup d'autres sont telles pour un instant, et changent ensuite.

La dialectique commence par te dire qu'il y a deux espèces de connaissances, parce qu'il y a deux espèces d'idées. Les unes nous viennent par les sens, et nous avons coutume de les appeler *sensibles*. Les autres se forment en nous-mêmes, et nous les appelons *intellectuelles*. Dans celles-ci tout est vrai, parce que la chose n'est que ta propre pensée, et il n'y a pas entre la chose et toi une image dont il soit permis de douter. Tout, dans ces idées, doit être vrai; parce que ne nous étant pas permis de pénétrer plus avant, si le vrai n'était pas là, il ne pourrait pas exister ailleurs. Tu vois un portrait et tu peux dire: Qui sait s'il ressemble à l'original? Mais si tu vois l'original, tu ne peux pas dire: Qui sait s'il se ressemble à lui-même?

Nos sophistes ont recherché l'origine de ces idées. Je pourrais te montrer un grand nombre de volumes écrits sur cette question. Quelques personnes croient que nous n'avons pas ces idées, mais que nous les formons nous-mêmes par celles qui nous viennent des sens ; * d'autres pensent que nos esprits avaient ces idées avant qu'ils fussent renfermés dans des corps, et que former ces idées n'est autre chose que les reproduire; ** enfin, plusieurs autres croient que ces idées dépendent d'une forme intrinsèque de notre esprit. Ces deux dernières opinions, qui diffèrent peu ou presque pas entre elles, sont les plus communes chez nos philosophes. Je crois que sur un tel point nous ne saurons jamais rien de certain.

— Et pourquoi ? demandai-je. — Parce que la seule vérité est dans nous-mêmes, répondit-il. Hors de nous, il n'y a aucune vérité. Ton œil voit : tant que tu te contentes de dire seulement : *Je vois*, tu dis vrai. Mais tu veux ajouter : *Ce que je vois existe, est tel que je le vois ;* et cela peut être faux.

Nous recevons par le moyen des sens les apparences et jamais la réalité. Tu vois sur mon habit la couleur blanche; mais cette couleur n'y existe point. Il existe seulement dans

* Aristote.

** C'était le système de Platon.

mon habit une telle disposition des parties, qu'en réfléchissant la lumière il produit en toi la sensation de la couleur blanche. Si je change de position, peut-être le blanc te paraîtra plus pâle, presque terré, couleur de cendre : et que sais-je? Les apparences sont nombreuses; mais la vérité ne peut être qu'une, parce que mon habit est un. C'est pour cela que le meilleur moyen d'approcher de la vérité est celui de l'*élimination*.

En effet, en éliminant toutes les apparences, nos philosophes sont parvenus à retrancher du nombre des êtres une grande partie de nos sensations; et dans l'école d'Élée, où plus qu'ailleurs on a perfectionné la dialectique, on est parvenu à croire que le véritable être est un, et qu'il n'existe aucune des qualités que nous lui donnons. Tu vois ici les ouvrages de Zénophane, de Parménide, de Zénon, et même d'Empédocle, qui n'ont jamais professé d'autre doctrine. Zénophane est obscur et pour ainsi dire *sauvage*. Empédocle paraît balbutier une doctrine nouvelle. Celui qui a mieux compris ce qu'il disait est Parménide.*

* Aristote, *Métaph. I.*

Quelques philosophes de Tarente, de Locres, de Reggium, ont soutenu qu'il existait deux êtres différens, l'esprit et la matière : et jusqu'à présent cette question est restée indécise. D'autres plus grossiers encore, ont confondu les êtres avec ce que les physiciens appellent élémens des choses sensibles; ils ont dit que les êtres étaient quatre, cinq, six, dix, mille, en les distinguant par les apparences, que nous avons démontré n'être autre chose que nos sensations.

— Mais comment sais-tu que tout est un?

— Est-ce que tu me le demandes? C'est moi qui devrais te demander : Comment sais-tu qu'il y a plus d'un être? Tu distingues les choses selon les différentes sensations qu'elles produisent en toi; et tu assures que l'air et l'eau sont deux, parce que les sensations que réveille la première sont toutes différentes de celles que tu reçois de la seconde. *Tout est eau*, disait votre philosophe Thalès; *tout est air*, soutenait Anaximène; *tout est en petit, tel qu'il paraît en grand*, disait Anaxagore. Ils croient composer la nature, et ils ne décomposent que leurs propres sensations. Mais une fois démontré que nos sensations n'existent point dans les êtres qui sont hors de nous, il faut dire, *tout va bien*, jusqu'à ce qu'il y ait des sensations décomposées. Si vous voulez être raisonnable, vous avouerez qu'il y a autant d'élémens que de sensations que vous ne pouvez pas sous-diviser. Aujourd'hui Thalès vous dit que la terre n'est autre chose que de l'eau condensée; et voilà que le nom de la terre est rayé tout d'un trait de la liste des élémens. Demain un autre découvrira que l'eau n'est que l'air rendu plus épais par le froid, et vous serez obligé d'effacer aussi l'eau du nombre des élémens. Il y a cependant un terme au-delà duquel il est impossible d'aller. Tout ce que tu ne peux pas sentir, ne pourra être divisé; et ce sera là par préférence le véritable élément, l'être qui existe réellement. Mais alors un nuage épais, impénétrable, t'enveloppera, te couvrira, et tu ne pourras plus dire ni deux ni quatre ni dix. Tu pourras assurer, si tu es sage, qu'il n'y a qu'un seul être, parce qu'il est nécessaire qu'il en existe un seul; et un seul peut suffire pour produire l'infinie variété de toutes tes sensations.

—Par Hercule! m'écriai-je, toi, sage Clinias,

tu aurais donné raison à ce fou de *Diodore*, qui enseignait dans les rues d'Athènes qu'il n'existait pas de mouvement. Diogène lui répondait en argumentant avec son bâton.

—Diogène avait raison, me répondit-il. En suivant les principes de Parménide, Diodore n'aurait pu nier le mouvement, par la même raison qu'il ne pouvait pas l'affirmer. Il y a une sensation de mouvement : qui peut le contester? Mais le mouvement est-il autre chose que ma propre sensation ? Y a-t-il quelque chose de plus ou de moins différent ? Qui peut savoir si nous avons autre chose que des sensations ?

La dialectique des philosophes italiens, au lieu de multiplier les disputes, tend à les faire cesser, en éloignant toutes les discussions inutiles. Son premier but est de marquer les limites de ce qu'on peut savoir : et celles-ci seront exactement marquées, du moment que nous saurons connaître ce qui existe et le distinguer de ce qui paraît ; car de cette confusion il arrive que bien souvent nous cherchons à découvrir, ou nous croyons savoir ce qu'il nous est refusé de connaître.

Notre dialectique commence par séparer les

objets qui doivent être distincts. Ne confondez pas ce qui est au-dedans de vous avec ce qui est au-dehors : voilà son premier précepte. Vous ne pourrez jamais rien savoir de la véritable nature des êtres : voilà le second précepte. Mélisse d'Élée transporta de la raison à la nature la doctrine de Parménide ; et il soutint que toutes les choses étaient matériellement unes. Alcméone de Crotone assure qu'elles étaient deux. * Vous vous trompez, disait le plus grand nombre de nos philosophes, parce que vous transportez hors de vous la vérité qui est dans votre intelligence. Si vous voulez rechercher la nature sensible des choses, il vous sera permis de comparer vos sensations même, et de trouver parmi elles quelques rapports qui vous apprendront quelles sont celles qui existent ensemble, quelles sont celles qui se succèdent ordinairement. Vous aurez ainsi en vous-mêmes une science qui, si elle ne ressemble pas aux choses, ressemblera du moins à vos sensations, et vous servira aux divers usages de la vie.

* Aristote, *Métaph.* I.

Mais, pour parvenir sûrement à de pareilles recherches, il était nécessaire de former les genres et les espèces, afin qu'en passant des choses générales aux choses particulières, on pût comprendre la nature de chacune. Nous appelons cette partie de la dialectique *science des cathégories*. Notre ami *Architas* l'a exposée dans un de ses livres sur la nature des universaux. Nous avons aussi de lui un ouvrage sur la philosophie instrumentale; deux autres sur l'être, sur le principe, sur les contraires. Il a traité presque toutes les parties de la dialectique; et ces livres sont regardés comme meilleurs que tous les autres. *

D'autres, d'après ces cathégories, se sont occupés à déterminer les lois de notre jugement et de notre raisonnement. Ils ont enseigné les préceptes pour éviter les erreurs, préceptes qui se réduisent à deux, à conclure plus ou moins ce qui est établi par le principe.

Comme on ne peut communiquer la vérité aux autres que par le moyen de la parole,

* Aristote, *Métaph. VIII*, 2; — Stobée, Églog. 92; Claud. Mammert. II, *Simplic.*, dans Aristote, etc., etc.

que nous avons besoin de la parole pour raisonner avec nous-mêmes, que le bon usage de la parole devient par cela même un grand instrument pour connaître la vérité, mais que l'abus est une source funeste d'erreurs; beaucoup de personnes se sont occupées d'elle utilement : et vous voyez réunis ici aux *dialecticiens* ceux que nous appelons *grammairiens*.

Parmi ces derniers, quelques-uns se sont arrêtés à établir la véritable signification des mots, leur suite, leur union la plus naturelle et la plus claire. D'autres sont allés au-delà, et ont recherché l'origine même du langage, laquelle, bien développée, fait mieux comprendre l'idée qu'on veut exprimer, et détruit quelquefois une erreur que le mauvais usage des expressions avait produite. Platon m'a dit que Socrate appréciait beaucoup de pareilles recherches, et les croyait très-utiles à la découverte de la vérité.

Mais les paroles ne sont que la matière de nos discours : il est nécessaire de la mettre en œuvre, comme on dit, et de parler. Les *rhéteurs* se sont chargés de ces préceptes; tu les vois : ils occupent tous ce côté de la salle. Empédocle est un des plus anciens, et peut-être toujours le meilleur. Ceux qui l'ont suivi sont innombrables.

O Clinias, dis-je, vous autres Italiens vous devez être très-éloquens : du moins il en coûte moins d'apprendre l'éloquence chez vous qu'à Athènes, où Isocrate ne l'enseignait qu'au prix d'un talent ; et Gorgias en exigeait même davantage.

« *Clinias* : — Il est un très-petit nombre de ces écrivains dont nous lisions les ouvrages et que nous conseillions de lire. Ils sont très-nombreux, parce que la science qu'ils enseignent est facile et d'un emploi très-aisé dans le vulgaire, que son naturel pousse toujours à vouloir imiter les grands hommes avec le moins de peines et de travaux possible. Ainsi ces écrivains comptent exactement toutes les paroles, mesurent toutes les syllabes, décomposent toutes les périodes d'un poète ou d'un orateur, et ils vous disent ensuite : Voilà ce qu'un tel a fait, et voilà ce que vous devez faire aussi si vous voulez l'égaler. Ainsi on raconte qu'à Athènes beaucoup de personnes voulant imiter Platon, se carrent des épaules, tordent un peu le cou, et affectent d'avoir les mêmes vêtemens, la même démarche, les mêmes attitudes, enfin tout ce qu'a Platon, excepté son génie. »

« Le génie est tout, mon ami : la véritable et la seule source de l'éloquence est la science. Le but de l'orateur est de persuader et d'émouvoir. Celui qui ne pense et ne sent point ne pourra jamais être qu'un parleur ; en y joignant d'autres études, il pourra même devenir un parleur élégant. Qui est-ce qui le lui défend ? Mais si son esprit ne conçoit pas d'idée, si son cœur n'a point de sentiment, il n'aura jamais les moyens d'être un orateur éloquent. » —

» Il n'y a donc aucun art qui apprenne à être éloquent ? * —

» — Non. Il y a un art ; mais ses préceptes sont en petit nombre, parce qu'il y en a dans chaque art très-peu dont on puisse regarder les effets comme certains.

Dis-moi, as-tu jamais vu que les vérités mathématiques eussent besoin de l'art des rhétoriciens ? Leur exposition la plus simple est la

* On agitait même cette question du temps de Cicéron, qui la discuta ; mais, comme cela était très-naturel, il prit le parti des orateurs.

seule qui soit éloquente. Tout ornement sera toujours inutile et souvent même ennuyeux. As-tu jamais vu le plus artificieux discours d'un rhéteur produire dans l'ame des auditeurs une persuasion aussi profonde, aussi certaine et aussi intérieure, que celle que les mathématiciens produisent par leurs simples exposés? »

« Si l'art de l'éloquence est l'art de persuader, il n'y en a pas d'autre que celle de dire toujours la vérité, la seule vérité. Les paroles dont la faiblesse de notre nature nous force de revêtir nos pensées, seront d'autant plus puissantes, qu'elles seront plus propres à arriver au but que nous nous proposons; c'est-à-dire qu'elles laisseront plus à découvert la vérité qui est dans la pensée. Hélène doit être belle; mais son vêtement ne doit pas être riche. »

« Si toutes les choses dont les hommes s'occupent avaient cette évidence de vérité qui accompagne les connaissances mathématiques, tout l'art des rhéteurs serait entièrement inutile. La seule matière de l'éloquence est ce qui est probable.* Son unique but est de le faire

* Aristote, *Rhétorique*.

paraître vrai. Veux-tu savoir quels en sont les moyens ? Ce sont les mêmes dont se servent les mathématiciens, c'est-à-dire, préparer les esprits, par l'exposition des idées qu'il est nécessaire de leur faire comprendre, à recevoir celles que tu veux leur persuader. »

« Le germe de toutes les vérités est en nous-mêmes ; et celui-là est vraiment éloquent qui, les connaissant bien, sait les échauffer, les fait éclore, et me fait concevoir moi-même les idées qu'il veut me persuader. Un bavard m'assourdira par ses inutiles paroles, de même que les nourrices fatiguent de contes les enfans jusqu'à ce que le sommeil s'en empare ; et puis ils voient pendant la nuit tous les fantômes dont on leur a rempli la mémoire pendant le jour. Le sophiste me réduira à me taire et à dormir. Ma mémoire, mon esprit, erreront parmi des milliers de songes ; mais il ne pourra pas dire qu'il m'a convaincu. Mon esprit ne donnera jamais son plein assentiment qu'aux vérités qu'il croira lui appartenir. »

« De là vient que Parménide, et d'après lui Socrate, ont cru que la méthode la plus efficace pour persuader était celle d'interroger.

Par ce moyen on sonde l'esprit des autres jusqu'à ce qu'on trouve le germe des vérités qu'on cherche; et en même temps on se délivre insensiblement de tous les préjugés, de toutes les erreurs, de toutes les expressions inexactes, qui excluaient les germes de la vérité et qui en empêchaient le développement. »

« Mais cette méthode ne peut valoir que parmi ceux qui sentent déjà l'amour de la vérité, et ils ne rencontrent d'autre obstacle pour parvenir que le défaut d'instruction. Que feras-tu avec un peuple à qui il est nécessaire d'inspirer l'amour de la vérité, avant de la lui faire connaître? Tu dois vaincre cet ennui naturel qui le tient éloigné de tout ce qui est vrai; tu dois surmonter les passions qui l'éloignent de ce qui est bon. Tu dois vaincre son ennui en réveillant son attention, et tu exciteras celle-ci en émouvant son coeur. Tu mettras dans les idées que tu veux lui communiquer, un ordre tel qu'elles puissent réveiller son intérêt, et qui l'augmentent à chaque instant sans le laisser refroidir; tu dirigeras ou tu dompteras ses passions, et tu parviendras à ce grand but, si tu sais les calmer, les éveiller, les opposer les unes aux autres, enfin, si tu parviens à les connaître. »

« A quoi donc se réduit cet art de la rhétorique dont tu me parles? A connaître les hommes et les choses. »

Tu penses donc, Clinias, lui dis-je, que le besoin de l'éloquence est né de notre corruption? Apprends que c'était l'opinion habituelle d'un disciple de Platon, mon intime ami, *Aristote de Stagire*, dont je t'ai parlé plusieurs fois. « Aristote a raison, répondit-il. Si tous les hommes étaient bons et sages, nous n'aurions nul besoin d'éloquence. C'est parce qu'ils s'ennuient de la vérité et qu'ils n'aiment pas la justice, que les sages ont besoin de l'art de la parole, comme d'une partie principale de la science du gouvernement. * »

« Mais il viendra un temps où cet art passera des savans aux oisifs, qui créeront une éloquence dont le but ne sera ni d'émouvoir ni de persuader, mais seulement de plaire, ainsi qu'ils le diront. Pour parvenir à ce but, ils se feront une rhétorique artificieuse, qu'ils

* Aristote, *Rhétorique*.

surchargeront de préceptes inutiles et difficiles, afin que par la suite les oisifs puissent connaître le plaisir qu'il y a à les vaincre. Ainsi l'homme consumé d'ennui et d'oisiveté se crée des occupations arbitraires. Tantôt en mettant une jambe sur l'autre, il l'agite avec une sorte de mesure; tantôt il siffle en cadence; tantôt il fait une chose, et tantôt il en imite une autre : il retire du retour périodique des sons et du mouvement et des difficultés inutiles qu'il a vaincues, un faible sentiment de la vie, et un plaisir chimérique qui supplée au défaut des plaisirs réels. Mais quand tu verras les choses et les esprits réduits à un pareil état, fuis une ville et un siècle frivoles, dans lesquels le peuple, ayant perdu les seuls remèdes qu'il pouvait attendre du sage, trouve d'autres plaisirs que ceux de penser et de sentir. »

CHAPITRE XIV.

DISCOURS D'ARCHITAS.

Vous, Grecs (c'est Architas qui parle), vous considérez Pythagore comme un philosophe; et c'est ainsi qu'il devient pour vous une énigme. Les pensées se trouvent en contradiction avec les paroles, les paroles avec les actions. A chaque pas l'on rencontre la science la plus élevée réunie à la plus aveugle crédulité; et l'auteur de tant de choses différentes et contraires vous paraît quelquefois admirable comme un dieu, et tantôt le plus méprisable des hommes. Mais considérez dans Pythagore le régulateur des cités, le savant instituteur des mœurs, le sublime réformateur des religions : et alors tout deviendra en lui digne d'admiration.

Qu'est-ce que c'est qu'un philosophe? Le vulgaire raconte que Pythagore en donna cette définition à Léonce de Fliunte, lorsqu'il refusa le nom de sage que ce tyran lui offrait, et que tant d'autres qui en étaient certainement moins dignes que lui usurpaient sans pudeur. Dieu seul est sage, répondit Pythagore : je ne suis qu'un amateur de la sagesse, un philosophe. Et qu'est-ce que c'est qu'un philosophe? répliqua Léonce. Tu connais sans doute les jeux olympiques, répondit Pythagore : eh bien! ces jeux sont l'image de notre vie. Quelques-uns y courent par ambition de renommée et pour se donner en spectacle; quelques autres par avidité du gain; plusieurs pour adoucir l'ennui de la vie, dont ils ne sauraient faire un meilleur usage; d'autres pour revoir leurs amis; quelques-uns enfin pour tel motif, certains pour tel autre : mais très-peu y sont pour observer en silence ce qui nous arrive de bien et de mal. Ces derniers sont les philosophes. *

Mais Pythagore ne s'arrêta point aux étroites limites d'une vie contemplative : ayant l'esprit rempli de l'ordre et du beau éternels, il voulut le communiquer à ses semblables, afin qu'ils devinssent des modèles utiles de vertu.

* Cicéron, Q. T. V.

Comparez Pythagore à Orphée, à cet Orphée que nous autres Pythagoriciens avons fait connaître. — Vous? m'écriai-je, qu'est-ce que cela signifie? *Orphée* était..... — De ce lieu d'où nous avons bien voulu imaginer qu'il sortait. Il pouvait être de tous les lieux, parce qu'il n'a existé que dans notre imagination. Ces vers orphéens que vous avez, et les rites qu'ils contiennent, sont des inventions de notre *Cécrops*, * qui voulut vous donner à vous autres Grecs le modèle d'un homme qui, avec la seule force de ce qui est beau et vrai, sût rendre le peuple vertueux et fortuné. Mais nous ne parlons point d'Orphée : je me plais à voir que vous croyez à son existence. Comparons-le à Pythagore.

On dit qu'Orphée est le premier fondateur des villes, parce qu'étant né dans un temps de férocité et de barbarie, il fut le premier interprète des Dieux et leur prêtre; c'est avec le pouvoir des sciences et le charme de l'harmonie, qu'il retira les hommes de la vie sauvage et des forêts, pour leur donner des dieux certains, des unions durables et des lois solides. Pythagore

* Cicéron, *de la Nature des Dieux*.

n'a point fondé des villes ; elles existaient déjà : mais elles étaient corrompues et près de se détruire par l'effet des vices de leurs habitans. Les temps étaient différens, ainsi que le but auquel il tendait. Pythagore devait régulariser ce qui était encore à créer du temps d'Orphée ; mais tous les deux avaient besoin du même genre de science : tous les deux devaient mettre en usage, comme ils le firent en effet, les mêmes moyens pour vaincre l'esprit humain, barbare dans le temps d'Orphée et corrompu dans le siècle de Pythagore.

Le philosophe se contente de connaître la vérité. Ceux que j'appelle grands dans la connaissance des hommes et des nations, doivent savoir que je regarde comme le plus difficile la méthode, et je dirais presque la modération, dans la même science. Si vous exposez à la fois aux yeux du peuple toutes les vérités, il arrivera qu'un grand nombre d'hommes ne pourra pas les entendre ; il sera offensé d'une grande partie de ces vérités, comme contraires à ses intérêts et à ses préjugés. Il en négligera d'autres, et il abusera du plus grand nombre, ignorant les principes et les conséquences. Si vous voulez être utile au peuple, vous ne devez jamais mettre en contradiction la vérité et le pouvoir : sinon il faut que la vérité cède, ou si elle veut vaincre, il sera nécessaire que ceux qui la prêchent soient puissans ; et devenus une fois puissans, qui sait s'ils se rappelleront d'avoir été sages? Si vous voulez être utile au peuple, avant d'essayer son intelligence, gagnez son cœur. On n'écoute point ce qui ne plaît pas; et ce qu'on n'écoute point ne peut pas persuader. Quel est l'homme capable d'entendre toutes les vérités? Il est inévitable qu'elles seront pour quelques-uns des reproches, qu'elles serviront à d'autres de frein, et qu'elles inspireront à certains autres des terreurs. Il y a des vérités qui plaisent à tous; il y en a qui plaisent à la multitude; d'autres enfin qui doivent être éternellement les vérités du petit nombre. Quant à ces vérités qui un jour doivent devenir communes, il n'est pas prudent de les propager hors de saison : je dirai qu'elles doivent être plutôt publiées que communiquées. Ainsi il est nécessaire de préparer les esprits; et elles deviendront générales lorsque le peuple sera digne de les écouter.

Connaître toutes les vérités, exposer seulement celles dont le peuple a besoin dans le temps actuel, et préparer, comme dans un dépôt, toutes les autres dont il pourra avoir besoin un jour ; connaître les moyens les plus propres à répandre rapidement les premières, et à conserver plus utilement les secondes, pour que les unes ne se perdent pas dans la mémoire des hommes, et pour que les autres, par imprudence, ne se répandent pas intempestivement ; et pour éviter ainsi la langueur de la nation, qui produirait par les premières les révolutions dangereuses qui naîtraient des secondes ; enfin, semblable à Dieu, communiquer à un peuple l'esprit vital sans en tarir la source : voilà les devoirs du sage dont nous parlons.

Vous avez observé l'Italie et vous connaissez la Sicile. Tout dans ces deux pays vous parle de lui ; c'est de lui que vient tout ce qu'il y a de bien. La postérité oubliera un jour que c'est par la science de Pythagore qu'on a calculé le cours des planètes et qu'on a découvert les plus obscures lois de la nature : mais chaque fois qu'un homme de bien commencera à désespérer du salut de sa patrie corrompue, le souvenir de Pythagore lui servira de consolation ; chaque fois qu'il voudra tenter la régénération d'un tel peuple, sa sagesse lui servira de guide.

Lorsque la philosophie de Pythagore parut, l'Italie n'offrait pas le spectacle qu'elle présente aujourd'hui. Vous 1) étiez encore barbares, et nous, plus que barbares. L'Italie, semblable à un édifice détruit par un tremblement de terre, présentait, d'un côté, des colonnes qui restaient encore debout, belles de leur élégance parfaite; de l'autre côté, des débris et des ruines plus vils que la poussière. Quelques peuples étaient corrompus, d'autres étaient encore sauvages. * Ceux-ci ne savaient pas encore gagner par leur travail ce qui était nécessaire à leur vie; ceux-là ne savaient pas défendre ce qu'ils avaient acquis par la culture d'un sol fertile, et par un commerce très-étendu que leur offrait une position propre à réunir, par une facile navigation, l'Orient et l'Occident. Nous possédions tout ce que le luxe a de plus insensé et la volupté de plus dégoûtant. Nous aimions à dépenser la

1) *Vous*, mot par lequel on doit entendre les Grecs présens à ce discours.

* Sur cette expression d'Architas, voy. l'*Appendice III*.

vie, et nous ne savions pas la rendre agréable par le goût des beaux-arts. L'inégalité des fortunes et les désirs effrénés troublèrent d'abord les différentes classes de citoyens au dedans, et ensuite la paix au dehors, en inspirant à tous des idées de conquêtes, en excitant des outrages et des vengeances réciproques. Au dedans des murs, on ne voyait qu'usurpateurs et tyrans : un grand nombre de lâches qui vendaient la patrie pour sauver leur vie ou pour s'enrichir; très-peu de bons citoyens, qui perdaient la vie en défendant leur pays : enfin, dans toute l'Italie, guerre, pillage, désolation et mort.

Pythagore conçut le hardi dessein de rétablir la paix, et la vertu, sans laquelle la paix ne peut pas durer. Il voulait faire de l'Italie une seule cité, afin que l'énergie de chaque citoyen eût un champ plus vaste pour s'exercer, sans qu'il fût obligé de se disputer sans cesse avec ceux que le voisinage, le langage et les mœurs rendaient ses frères, et que les divisions politiques le forçaient à haïr comme des ennemis; et afin que l'énergie de tous n'étant point usée par les dissensions domestiques, pût défendre plus vigoureusement la patrie commune contre les attaques des barbares.

Ils donnaient le nom de *barbares* à tous ceux qui pénétrèrent en armes dans un pays qui n'est pas le leur; et ils appelaient ensuite barbares et fous les autres qui, parlant la même langue, ne savent pas vivre en paix entre eux, et qui, dans leurs querelles, invoquent le secours des étrangers. Ils avaient coutume de dire aux Italiens la même chose que Socrate répétait aux Grecs : *Il ne peut ni ne doit y avoir de guerre entre vous. Ce que vous appelez guerre n'est que sédition, dont vous devriez rougir si vous aimiez vraiment la patrie.* *

Mais on ne pouvait point parvenir à ce but sans vertu, et sans une bonne organisation civile et politique, telle qu'il n'y eût personne qui voulût ou qui pût acheter ou vendre la patrie; mais l'ambition de chacun, voyant que toutes les routes de la lâcheté et du vice lui étaient fermées, fut obligée de prendre le chemin de la vertu. Il était nécessaire d'instruire

* PLATON, *de la République.*

le peuple, parce que, disait-il, un peuple ignorant ressemble *à l'atabulo*,* qui ravage les campagnes; le vent des montagnes de Lucanie, en soufflant avec moins de force, porte sur ses ailes des vapeurs qui rafraîchissent les campagnes et les fécondent. Il était nécessaire d'instruire ceux qui devaient nous gouverner, parce qu'un peuple, avec cent mille pieds, a toujours besoin d'un génie pour marcher; et avec cent mille bras, il n'a pas une tête pour agir. Voilà que Pythagore, roulant dans son esprit de telles pensées, se présente au public. La première question qu'on devait lui faire était toujours celle-ci: *Mais qui es-tu pour te mêler de nos affaires?* Quand on n'a pas cent mille combattans à ses ordres, il n'y a d'autre réponse à faire à une pareille demande, que de dire: *Je suis envoyé de Dieu.* Le sage dit vrai, parce que c'est de Dieu que vient la sagesse; et les preuves de sa mission sont, aux yeux des sages les vertus, et aux yeux du vulgaire les vertus et les miracles. Les Dieux avaient donné à Pythagore les vertus: l'étude qu'il avait faite de la nature lui ren-

* Vent très-ordinaire dans la Pouille, HORACE, *Odes*.

dait faciles beaucoup de choses qui au vulgaire paraissaient être des miracles.

Il prédit quelquefois la tempête : on raconte même qu'une fois il prédit un tremblement de terre. Médecin très - expérimenté, il annonça souvent aux malades leur guérison ou leur mort. Il suffisait de quelques faits de cette nature pour que l'imagination du peuple, une fois excitée par l'admiration, en inventât mille autres plus surprenans.

Souvent les miracles de Pythagore n'étaient autre chose qu'une figure de rhétorique. Pendant que nous sommes assis ici, l'un de nous peut bien dire : *Les bâtimens qui sortiront cette nuit du port de Tarente n'arriveront point tous à la fin de leur voyage*. Il pouvait facilement arriver que, pendant qu'il parlait ainsi, quelques bâtimens sortissent du port, et que quelques-uns d'entre eux périssent au milieu d'une tempête. Nous n'appelons pas pour cela un homme un prophète. Mais placez-le sur le môle parmi dix mille spectateurs. Deux bâtimens lèvent l'ancre et déploient leurs voiles. Pendant qu'on entend les cris de joie des matelots qui déjà saluent par leurs vœux la patrie dans laquelle ils retournent, pendant que de la terre leurs amis leur souhaitent une heureuse navigation ; un homme se lève et dit aux spectateurs : *Entendez - vous les cris de joie ? voyez-vous ces deux bâtimens, qui, avec un vent si favorable et sous des auspices si heureux, déploient leurs voiles ? Malheureux ! ils ignorent leur destin : l'un de ces deux bâtimens ne reverra pas son pays.* Voilà un des miracles qu'on attribue à Pythagore. Qu'a-t-il dit de plus que ce que chacun de vous aurait pu dire, et ce qu'il aurait dit mille fois dans sa vie ? Le miracle est dans ses phrases, et l'admiration est dans notre imagination.

Quelquefois ce qu'il y a de plus admirable dans une action, c'est l'*à-propos* : dans beaucoup de miracles il en est ainsi. Pythagore le savait et en faisait usage. Souvent une simple comparaison lui servait de miracle : ainsi, par exemple, on raconte de lui qu'étant à Agrigente avec Abaris, qu'on disait fils d'Apollon hyperboréen, qui voyageait dans les airs à cheval sur une flèche et qui a fait lui seul plus de miracles que dix Pythagore ; * on

* Dictionnaire de BAYLE. Voyez *Abaris*.

dit que Pythagore n'avait révélé qu'à ce seul homme le secret de sa descendance de Mercure, et qu'il lui avait montré sa cuisse d'or. Je ne vous arrêterai pas plus long-temps sur ces récits, que je ne veux ni assurer ni contester. Abaris jouissait de la réputation d'un saint homme très-versé dans les cérémonies religieuses, quoique beaucoup de personnes croient qu'il avait plus de superstition que de religion, ayant montré plus d'attachement pour les rites que pour les vertus. Abaris donc et Pythagore étaient ensemble à Agrigente, sous le règne de Phalaris. Abaris prêchait la sainteté des rites, et Pythagore la sainteté des mœurs. Abaris avait plus de soin des intérêts des Dieux, et Pythagore s'occupait plus des intérêts des hommes. Il arriva ce qui était inévitable; Abaris, qui multipliait les expiations, était plus agréable à Phalaris, que Pythagore, qui multipliait les remords. On le flatta dans le premier moment, parce que les méchans même flattent la vertu et la sagesse tant qu'ils espèrent de pouvoir l'acheter (il n'y a que les sots qui la méprisent et la dédaignent); mais quand on connut que sa vertu résistait à toute séduction, on le craignit, et la crainte le rendit odieux.

Les scélérats sont puissans, lui disait Abaris: *ils te perdront.* — *Ils ne me perdront pas*, répondait Pythagore, *si les Dieux ne le permettent pas. Ma vie est dans leurs mains : ce sont eux qui m'inspirent la vérité.* — Cependant Pythagore devenait chaque jour plus cher au peuple, parce que toujours Phalaris lui devenait plus odieux par ses cruautés. Un jour, pendant que Pythagore était dans le Forum et qu'il parlait au peuple, les satellites envoyés par Phalaris arrivèrent pour le tuer. Pythagore raisonnait sur l'usage et sur l'abus du pouvoir; il montrait que celui qui s'en servait pour le bonheur des peuples était aussi digne d'éloge, qu'était digne de blâme celui qui n'en usait que pour les opprimer. Il disait que ces derniers finissaient presque toujours par se précipiter eux-mêmes et leurs familles dans un abîme de maux, pendant que les premiers vivaient dans la sécurité et l'affection publique, et étaient, à l'époque de leur mort, célèbres et comparés aux Dieux. Le peuple écoutait avidement ses paroles, et comparait en silence ce que disait Pythagore avec ce que faisait Phalaris. *Les Dieux*, continuait Pythagore, *donnent le pouvoir à un seul homme, parce qu'il arrive rarement que les peuples aient assez de vertu pour pouvoir faire eux-mêmes leur propre bonheur; le plus souvent ils ont à peine assez de vertu pour ne point empêcher que d'autres produisent le bonheur public : mais il arrive souvent qu'ils le perdent; et alors les Dieux permettent que ceux à qui ils ont confié le pouvoir en abusent, jusqu'à ce qu'excitées par l'excès des maux, les ames amollies et corrompues reprennent une nouvelle énergie, et que la tranquillité renaisse dans la cité. Car, ne vous y trompez pas, le premier effet de la vertu est la paix publique. La tyrannie naît des vices publics, et ne s'établit que par le moyen des discordes civiles. Quand les Dieux veulent établir le bon ordre dans une ville, ils donnent un signal par lequel les ames des citoyens sont invitées de nouveau à une sage et vertueuse concorde.* . . . .

Pythagore était arrivé à cette partie de son discours, lorsque les satellites du tyran s'efforcent de pénétrer à travers la foule. Le peuple s'y oppose, et il naît un grand tumulte. Pythagore, sans changer d'attitude ni de couleur, s'écrie: *Voilà le signal, citoyens. Prenez garde à moi; les Dieux vous donnent déjà le signal.* Une troupe de timides colombes volait dans les airs, fuyant les serres d'un épervier qui les poursuivait. *Pourquoi fuient-elles ces colombes? Elles sont nombreuses et l'épervier est seul : mais elles n'ont pas de force, parce que chacune d'elles pense à elle-même. Parce qu'elles n'ont point de force, elles sont timides; parce qu'elles n'ont point d'union, l'épervier les dévore toutes l'une après l'autre.* . . . . L'augure est clair, s'écrie le peuple : les Dieux le veulent, courons où les Dieux nous appellent. . . . . En moins d'une heure, la contrée d'Agrigente était déjà purgée de la présence du plus exécrable monstre qui ait jamais opprimé et déshonoré le genre humain. *

—Tu parles comme un sage, Architas, lui dis-je alors : ainsi, d'après tes discours, Pythagore nous paraît un sage. Mais, dis-moi, par quelle fatalité la vérité ne peut-elle s'apprendre que par le moyen du mensonge? Tu nous as dit que Pythagore employait les vertus pour les savans, et pour le vulgaire la vertu et les miracles : la seule vertu ne pour-

* Tous les miracles de Pythagore tant vantés sont rapportés dans plusieurs auteurs. Ils ont été recueillis par STANLEY : *Histoire de la Philosophie.*

rait-elle pas suffire aux sages et au vulgaire? — Non, Cléobule. La vertu, c'est la sagesse : la sagesse a besoin du secours de la raison, et la raison a besoin du temps. Les préjugés, les erreurs, les vices, qui vont et viennent dans l'imagination des peuples, comme les vagues dans notre mer Ionienne, encombreraient toujours par de nouveaux sables le bassin que tu veux creuser peu à peu pour en former un port. Il est nécessaire de former d'une main puissante une digue qui puisse contenir la violence des vagues toujours mobiles. Avant d'accoutumer le peuple à raisonner, il faut lui commander de croire; et pour le convaincre que ce que tu lui dis est la vérité, il faut lui persuader auparavant que ce que tu ne lui dis pas n'est pas la vérité. Ne cherchons pas, mon ami, l'homme qui ait dit le plus de vérités, mais celui qui a persuadé les vérités les plus utiles; et si quelquefois la vérité a porté des grands hommes à tromper le peuple, cherchons seulement s'ils l'ont trompé utilement.

Tel était Pythagore. Pendant qu'il était à Agrigente, plusieurs personnes lui reprochèrent son excès de religion. Il répondit que ce qui conduisait les hommes au bonheur n'était point la superstition, parce que le bonheur n'est pas un songe. En effet, Pythagore ne prostitua jamais la religion à flatter les vices des puissans. Lorsque Phalaris l'appela pour purifier les cérémonies religieuses d'Agrigente, sais-tu ce qu'il lui répondit? *Purifie auparavant ton cœur.* Toute religion exige un médiateur entre les Dieux et les hommes. Si l'on demande quel est le médiateur des habitans d'Agrigente, que pourrai-je répondre? Les Dieux, qui aiment la justice et qui abhorrent le sang, pourront-ils jamais écouter favorablement les vœux que leur adresseront, soit Phalaris pour les Agrigentins, soit les Agrigentins pour Phalaris?

Il répétait souvent ces maximes : Quel est l'homme le plus dangereux pour la cité? celui qui abuse du nom de Dieu pour servir un homme puissant. Quel est l'homme le plus dangereux à lui-même? celui qui abuse du nom de Dieu pour servir un autre homme. Les Dieux ont donné les armes aux hommes, qui en abusent pour commettre des injustices; mais ils ont réservé leur nom pour enseigner la vertu. Maintenant interrogez toute l'Italie, et vous saurez si Pythagore a toujours pratiqué ce qu'il a dit.

CHAPITRE XV.

SECOND DISCOURS D'ARCHITAS.

« Si vous aviez voulu devenir Pythagoriciens il y a un siècle, reprit Architas dans la soirée suivante, je ne vous aurais parlé, comme j'ai fait hier soir, qu'après plusieurs années de silence et d'épreuve. Avant de savoir ce que Pythagore a voulu faire, il aurait été nécessaire de vous montrer capables de le faire vous-même. Aujourd'hui il ne s'agit plus d'imiter Pythagore : il s'agit de le juger ; et, pour le juger, il est nécessaire de savoir auparavant ce qu'il avait l'intention d'établir. »

« Après cette déclaration, je reprends mon discours. Soyons discrets dans notre jugement sur les grands hommes : souvent ce que nous trouvons de plus commun ou de plus puérile dans leurs travaux, est ce qui les conduit plus efficacement à leurs desseins. On raconte de Pythagore que, voulant inspirer aux habitans de je ne sais quelle ville * l'amour pour l'étude de la géométrie, il les trouva très-éloignés de s'occuper d'idées nouvelles, d'idées abstraites, que le plus grand nombre regardait même comme inutiles. Pythagore promit de donner un prix, et il l'augmenta de temps en temps en raison des progrès que les jeunes gens faisaient dans les nouvelles études. On commença par se moquer beaucoup d'un philosophe qui, voulant ouvrir une école pour gagner sa vie, commençait par payer lui-même ses élèves. »

« Les railleries du public, comme c'est l'usage, se tournèrent contre leurs propres auteurs. L'avidité du gain fit naître dans les élèves l'amour de la science; et lorsque cet amour fut devenu un besoin, ils payèrent à Pythagore le centuple pour qu'il continuât ses leçons. Je ne sais si cette anecdote est un fait vrai ou une allégorie; mais elle renferme certainement l'histoire de la secte pythagoricienne, qui souvent a flatté les préjugés du peuple pour lui inspirer l'amour de la vérité. »

« Pythagore devait parler au peuple, aux prê-

* Cette ville était Samos: STANLEY, II, *Ph. Pythagor.*

tres, aux grands et aux savans. Il parla au peuple de morale et de religion. Qui pouvait s'y opposer? Il ne fit aucune innovation dans la religion qui était alors pratiquée; mais il enseigna que la base principale de toute religion est la vérité. Il accoutuma ainsi les hommes à la comparer avec la morale; et cela devait suffire avec le temps pour la purifier. Il n'était inexorable que sur la morale : ce n'est que sur la morale que les hommes doivent être convaincus et même contraints, s'il est nécessaire; il disait que dans tout le reste ils devaient être instruits et tolérés. »

« Il parla au peuple de ses intérêts les plus chers, et il en parla avec le langage le plus convenable pour le peuple, c'est-à-dire par paraboles et en proverbes. S'il est vrai que les exemples influent beaucoup plus que les préceptes, les paraboles, qui ne sont que des exemples, doivent persuader bien plus que tous les raisonnemens. »

« Les proverbes, et surtout les proverbes les plus populaires, sont toutes ces sentences pythagoriciennes qui vous semblent inintelligibles, soit parce que vous ignorez les mœurs des peuples pour lesquels elles ont été faites, soit parce que vous recherchez toujours des opinions plus sublimes et des mystères plus élevés que ceux que l'on peut naturellement comprendre. »

« Ainsi, par exemple, Pythagore voulait-il enseigner le respect qu'on doit avoir pour les Dieux ? il disait : *Va au temple, et ne t'occupe pas à faire ou à dire des choses qui appartiennent à la vie. Sacrifie et adore nus pieds; ne refuse ta croyance à aucune merveille des Dieux, ni à aucun oracle divin. Quand le vent souffle, adore le bruit qu'il fait; quand le ciel tonne, prosterne-toi jusqu'à terre.* »

« Voulait-il inspirer le respect pour le gouvernement ? Il disait : *Ne brise pas la couronne; ne menace pas l'astre avec le doigt; ne parle pas contre le soleil; ne fais pas des actes de mépris contre lui.* »

« Voulait-il inspirer la concorde ? *Éloigne*, disait-il, *toute pointe et toute coupure; ne frappe point le feu avec l'épée.* »

« *Ne nourris point les animaux avec des ongles crochus; ne reçois pas les hirondelles sous le toit*, disait-il à ceux à qui il voulait conseiller d'éviter les amitiés dangereuses.

« Il serait impossible, peut-être inutile, et certainement ennuyeux, de rappeler tous ces proverbes; mais croyez-vous qu'ils aient été tous inventés par Pythagore? Je crois qu'il n'y en a presque aucun. Ils étaient déjà fort usités parmi les peuples, et ils avaient pris leur origine dans leurs usages les plus anciens. *Jette des pierres sur le lieu où fut versé le sang humain*, disait Pythagore. Tous lespeuples d'Italie l'avaient fait avant lui. *Ne porte pas de bagues étroites; ne grave point l'image des Dieux sur ta bague*: cela s'était pratiqué dans beaucoup d'endroits avant Pythagore.

« Si Pythagore eût inventé les proverbes, il aurait ressemblé à tant de beaux esprits dont les bons mots, répétés avec plus ou moins d'approbation pendant plus ou moins de temps, finissent par être inutiles au peuple, oubliés par les sages, et rassemblés dans quelque recueil ennuyeux, composé par quelqu'un de ces *écrivailleurs* qui s'occupent de donner quelque apparence d'esprit à ceux à qui la nature n'en a point donné de réel. Croyez-moi, mes amis, il

* PLUTARQUE, *Quest. Rom.* — Pour ce qui regarde l'explication des proverbes de Pythagore, et sur leur existence en Italie, voyez l'*Appendice I.*

n'est pas difficile d'inventer de pareilles choses. Les découvrir à un peuple, les reconnaître, s'en servir comme de pierres d'attente pour l'édifice qu'on veut construire, et les rendre durables par ce moyen, en les gravant dans l'esprit, dans le cœur et jusques dans les usages journaliers d'un peuple : voilà l'ouvrage du génie. »

» Je ne nie pas que quelquefois plusieurs de ces proverbes ont été mis en pratique pour indiquer des devoirs plus élevés que les devoirs populaires ; on a cru y trouver une instruction pour tous autres que le vulgaire : mais la vertu des sages et celle du vulgaire ont beaucoup de ressemblance, et peuvent avoir par conséquent beaucoup de préceptes communs. Le sage doit faire plus que le vulgaire ; mais le but auquel ils tendent tous les deux est le même : le proverbe qui rappelle au vulgaire le devoir de ne pas faire de mal, rappelle au sage le devoir de ne faire que du bien. »

» Ces proverbes ont, dans la bouche des réformateurs, de très-grands avantages. Ils sont comme des monnaies d'or qui, en un petit volume, renferment une grande valeur. Ils sont entendus de tous ; tout le monde les répète ; ils donnent lieu à différentes interprétations : ainsi chacun s'y conforme. Après un siècle, les idées des hommes doivent changer nécessairement : si vous avez donné des préceptes évidens, sévères, inaltérables, il sera nécessaire de les changer, pour les adapter à de nouvelles mœurs, ou vous les verrez enfreints. On ne peut pas toujours faire la première de ces choses ; la seconde produit souvent les plus grands maux, parce que le pire de tous les préceptes, même mauvais, est de n'en avoir aucun. Avec des préceptes exposés dans la forme de proverbes et de paraboles, le pouvoir des principes se conserve pendant plusieurs siècles ; l'on évite l'anarchie des idées, et on obtient un bien médiocre en évitant les maux les plus extrêmes. »

» Dans les villes éclairées, les lois civiles doivent être toutes différentes des préceptes, des religions et des mœurs ; claires, précises, inexorables. Mais savez-vous pourquoi ? Parce que, lorsque les mœurs doivent être réformées, ce qui arrive très-souvent, le peuple suit d'autres préceptes. Alors, si le peuple se trouvait sans mœurs et sans religion, il se détruirait par l'anarchie avant de pouvoir réorganiser la législation : de là vient qu'ils se trompent également, ceux qui croient pouvoir tout obtenir par les seules lois civiles, et ceux qui croient pouvoir les suppléer par la religion et par les mœurs. Ceux-ci rendront douteuses et incertaines la vie et la propriété des citoyens; ceux-là rendront vacillant l'état de la cité entière. Il est nécessaire qu'il existe également des mœurs, une religion et des lois : s'il manque un de ces objets, la cité se détruit tôt ou tard. »

» Il est nécessaire qu'un réformateur donne peu de préceptes et beaucoup de conseils, et que ces conseils soient toujours plus austères que les préceptes. Il est utile d'avoir dans une cité un certain nombre d'hommes plus vertueux que les autres, qui servent d'exemple et de censure aux mœurs du vulgaire, toujours enclin à se corrompre; qui servent à donner une issue à cette ambition compagne ordinaire de l'amour de la vertu, comme de chacune de nos autres passions. »

» Et ces hommes plus vertueux que les autres, les laisserez-vous inutiles, ou vous en servirez-vous pour quelque but honorable? Vous leur confierez utilement votre doctrine, cette doctrine qui, publiée, divulguée intempestivement, pourrait être la cause de maux infinis. Par ce moyen, vous conserverez dans l'éloignement l'unité toujours nécessaire dans son origine, quand on a plus besoin d'apprendre que de disputer; et vous maintiendrez dans le peuple le respect qui accompagne toujours la vertu. Par ce moyen, la doctrine se répandra plus facilement, parce que le respect du peuple et l'union des sages concourront à sa propagation; et en réunissant la science et la vertu, vous aurez non-seulement des instructeurs, mais encore des magistrats qui gouverneront le peuple déjà instruit. »

» Ces colléges devaient naturellement être divisés en plusieurs classes, parce qu'il était en même temps également intéressant de multiplier le plus possible le nombre des prosélytes et de conserver le secret de la doctrine. Nous avions les *Pythagoristes* et *les Pythagoriciens.* * Les premiers étaient des hommes du peuple qui ne connaissaient qu'une petite partie de notre doctrine; mais ils respectaient beaucoup notre vertu.

* Brucker. Bonafide.

Ils étaient plutôt les amis que les disciples de Pythagore. Parmi les Pythagoriciens il y avait encore plusieurs classes, et l'on ne passait de l'une à l'autre qu'après de longues épreuves. »

» Il y avait une doctrine intérieure et une autre extérieure. On ne communiquait au peuple que cette dernière. On lui apprenait ce qui lui était nécessaire pour faire tout ce qui pouvait lui rendre le travail plus facile, ou plus utile, ou plus amusant, et lui faire regarder la vertu comme plus commune, plus constante et plus douce. La science intérieure était la science des causes, lesquelles étant ignorées ne privent le peuple d'aucun bien, mais qui, mal connues, peuvent lui apporter de grands maux. »

» Il est nécessaire au sage de connaître les véritables causes, parce que par ce seul moyen il peut rendre plus étendue et plus sûre la connaissance des mêmes objets. Il est inutile au vulgaire de connaître les véritables causes, parce qu'il ne saurait pas en faire le même usage qu'en font les savans; il est pourtant nécessaire qu'il connaisse une de ces causes, pour tranquilliser son esprit. Cette nécessité est si impérieuse, que si vous ne lui indiquez pas une cause, il s'en créera une lui-même : et alors qui sait celle qu'il pourra se forger ? De là vient que nos philosophes ont regardé comme très-dangereux d'abolir les causes anciennes que le peuple avait imaginées et qu'ils connaissaient déjà, pour ne point donner ainsi occasion d'en faire imaginer de nouvelles, qu'ils n'auraient pu ni connaître, ni diriger aussi facilement. »

Et cependant, sage Architas, lui répondis-je, j'ai souvent ouï dire à plusieurs savans, qu'un peuple qui connaîtrait les véritables causes serait le plus sage et le plus vertueux des peuples. Réunissez, disent-ils, dans une seule famille Socrate, Anaxagoras, Platon, Timée, Clinias, Architas ; quelle réunion d'hommes pourra se dire égale à celle-ci pour la sagesse et la vertu ? Réunissez les sages de toute la terre et formez-en autant de familles ; réunissez ces familles et formez-en une ville : quelle ville pourra se dire égale à celle-là ? 1)

» Aucune, répondit Architas. Elle ne méri-

1) Il est curieux de voir dans ce mélange le même argument que Bayle a reproduit dans ses *Pensées sur la comète*.

terait pas même le nom de ville, parce qu'il lui manquerait ce qui seul change une réunion d'hommes en une réunion de citoyens, la dépendance réciproque entre eux pour tout ce qui rend la vie aisée et sûre et constitue la parfaite indépendance des étrangers. * Dès le second jour, nous mourrions tous de faim : nous ne saurions tous faire que la même chose, et nul ne saurait ce qu'un autre ne sait pas. S'il s'y trouvait un homme comme notre ami Ippias d'Élée, le mal serait moindre pour lui. Il était en même temps mathématicien, agriculteur, maçon, cordonnier; tout ce dont il avait besoin, était construit, tissu, semé, recueilli et préparé par lui-même. ** Passe donc pour Ippias; mais ce serait un mal pour nous. Nôtre réunion serait une très-bonne académie, mais une mauvaise ville. Nos enfans seraient forcés de changer de vie; et abandonnant l'étude des sciences et des arts libéraux, ils devraient, pour pouvoir vivre, s'adonner aux arts mécaniques : alors il n'y aurait plus ni des Platon,

* Aristote, *Polit. I.*

** Cicéron.

ni des Socrate..... Ils sauraient, me diras-tu, la moitié de ce que ceux-ci savent; mais sauraient-ils ce qui ne peut être connu que de ceux qui savent beaucoup, ce que disait Socrate, qu'il savait très-peu. Ils sauraient peu, et par cette raison ils auraient l'orgueil de croire qu'ils savent beaucoup. Crois-moi, Cléobule, un demi-sage est un fou achevé. »

» Toute l'erreur vient de croire que la science est tantôt plus tantôt moins nécessaire qu'elle ne l'est réellement. Ils se trompent, ces philosophes qui veulent faire connaître au peuple tous les secrets des sages; et je te prédis que cet abus produira dans la Grèce de très-grands maux pour le peuple et pour ces mêmes philosophes, qui finiront par être proscrits. Alors je demanderai si leur imprudence a fait plus de bien que de mal. Mais ils se trompent également, les puissans qui défendent de faire de bonnes études, et qui empêchent ainsi tous les secours que les arts utiles peuvent recevoir de la géométrie, de la mécanique, de l'astronomie, parce qu'ils craignent que l'étude de ces sciences, toujours restreintes à un petit nombre, n'éveille dans les esprits vulgaires des doutes destructeurs de ces opinions qu'ils regardent comme les bases de tout ordre public et de tout leur pouvoir. Insensés! ils ne savent pas que leur crainte peut seule dévoiler les rapports qu'il y a entre les choses, que le vulgaire ne découvrirait jamais par lui-même; et ils ignorent que, parmi toutes les causes des désordres publics, les plus puissantes sont cette ignorance qui produit la misère, et cette misère qui engendre le désespoir. »

» Ce qui est vraiment nécessaire dans une ville, c'est que chacun soit à sa place; c'est-à-dire qu'il sache travailler et qu'il aime l'ordre. Pour obtenir l'un et l'autre, la science et la subordination sont également nécessaires. Pythagore exigeait du peuple le plus grand respect pour les Dieux, et de ses disciples la plus grande vénération pour les maîtres. *Crois tout ce qui vient des Dieux* : c'est ainsi qu'il parlait aux premiers; et aux seconds il ajoutait ces mots: *Il l'a dit.* La nécessité de ce respect diminuait à mesure que l'instruction augmentait. *Et le jour venait enfin, où il était permis de voir Pythagore le visage découvert.* * Ces paroles signifient voir la vérité à découvert. »

* Bruker. Bonafide.

» Pythagore n'aimait point que ses disciples disputassent sur leur doctrine devant le peuple. Le peuple dit tôt ou tard : Ce sont des imbécilles ou des imposteurs ; ils veulent nous instruire, et cependant ils ne s'accordent point entre eux. »

» Ne perdez pas l'estime du peuple, disait Pythagore, si vous voulez l'instruire. Le peuple n'écoute point ceux qu'il méprise : rarement il peut connaître les différens systèmes de doctrine ; mais il juge très-sévèrement les maîtres, et il les juge d'après des choses qui paraissent frivoles, mais qui sont les seules que le peuple aperçoit. Que sert-il de dire que le peuple est injuste, quand il s'agit de l'instruire ? tous les droits sont à lui, tous les devoirs sont à nous, ainsi que toutes les fautes. Diodore d'Aspendium essaya d'introduire parmi nous cette manière de s'habiller que Diogène et Antisthène ont mise à la mode à Athènes. Nous rendrons, disaient-ils, la science plus populaire. Vous la rendrez plus méprisable, répondirent nos meilleurs philosophes. * »

» Toutes les doctrines destinées à produire des réformes populaires, ont besoin de colléges,

* Athénée.

d'initiations et de mystères. Tous les peuples ont eu de semblables colléges. Ce sont les premiers pas que chaque peuple fait vers un meilleur ordre civil. Vos mystères d'Eleusis et ceux de Samothrace ont la même origine : mais dans le commencement ils ne se sont pas occupés de ce qui nous regarde, parce qu'ils sont venus dans un siècle barbare; et aujourd'hui ils ne peuvent pas être utiles, parce qu'ils ont été rendus trop communs. »

« Comment prétendez-vous que les initiés corrigent les moeurs d'Athènes, si vous autres Athéniens êtes tous initiés ? Si Hercule revenait sur la terre et que les Athéniens voulussent l'initier une seconde fois, il est certain qu'il ne voudrait plus l'être. »

Ce ne sont point là, Architas, dit alors Platon, les seuls maux que je crains de voir résulter de ces colléges : ils peuvent quelquefois se séparer du reste des hommes, et se perdre dans des contemplations abstraites et stériles, ou dans l'oisiveté et la richesse dont le respect du peuple les fait jouir. Je crains cet inconvénient toutes les fois qu'on sépare les institutions morales des institutions civiles. Au reste la morale de Pythagore est dans la nature de l'homme. Elle renaîtra, je n'en doute point, sous d'autres dénominations et dans d'autres pays. Elle renaîtra lorsque la corruption des mœurs et des magistrats, et la misère générale, auront réduit les hommes au dernier excès des maux. L'extrême corruption des mœurs des peuples produira l'austérité extrême dans les préceptes du petit nombre de sages qui resteront alors. L'excès des maux produira l'excès du courage, de la tempérance, de la vertu; et on relevera sous d'autres noms la science et les colléges de Pythagore. Puissent-ils ne jamais se tenir séparés des lois et de la société! puissent-ils n'être jamais unis par des liens trop forts! ..... Mais voilà déjà assez de présages et de voeux: reprends la suite de ton discours sur les révolutions qu'ont éprouvées nos colléges.

» Rappelez-vous, c'est encore Architas qui parle, rappelez-vous que vos colléges avaient deux objets à remplir: le premier était de conserver et de répandre les vérités utiles; le second, de donner à l'état les meilleurs citoyens. Ajoutez-y un troisième objet, celui de réunir les esprits de nos républiques et de produire ainsi cette paix universelle qui était le dernier but de nos vœux et de notre philosophie. C'est des Pythagoriciens qu'est venue cette maxime : *Le sage est le citoyen du monde.* »

» Toutes les villes que vous appelez grecques et que nous appelons *italiotes*, * celles de la Lucanie et du Samnium, se remplirent de Pythagoriciens. L'habitant de Crotone commença à ne plus voir son ennemi dans l'habitant de Sybaris, mais un sectateur de la même doctrine, et, ce qui est plus, de la même vertu. Chaque Pythagoricien comptait parmi ses amis presque tous les habitans des autres villes grecques. Ne vous semble-t-il pas vraisemblable qu'avec le temps les villes même seraient devenues amies ? »

» Je dis avec le temps, et c'est précisément le temps qui manqua. Les Pythagoriciens ne pouvaient pas réformer la législation entière de toutes les villes, s'ils ne réformaient pas auparavant les classes de chacune ; et cela fit naître dans un grand nombre l'envie, et par cela même la corruption parmi nous. Nos colléges ont souffert beaucoup de révolutions. »

* *Italiotes* : ainsi s'appelaient les Grecs qui habitaient l'Italie. *Voyez* MAZZOCCHI, *ad.* T. H.

» Il y a plus d'un siècle que les fureurs de Cilon les détruisirent presque entièrement, incendièrent toutes nos maisons, tuèrent, proscrivirent ou exilèrent les principaux d'entre nous : les livres furent dispersés ; les noms eux-mêmes auraient été condamnés à l'oubli, s'il était aussi facile aux scélérats d'éteindre le désir de la vertu, qu'il est facile de perdre les hommes vertueux. * »

» La première opération des Pythagoriciens fut d'abolir l'esclavage. Les anciens Grecs qui abordèrent dans ces contrées, vainquirent les Messapiens, qui en étaient les premiers habitans. Une partie fut obligée de fuir dans d'autres pays, l'autre partie fut réduite à cet état humiliant dans lequel les Spartiates tiennent les Ilotes, et les Thébains les Perrébiens. Nous ne regardions pas comme esclave celui qui cultive la terre ; mais nous pensions que celui qui ne sait pas vivre en la cultivant était dans la juste nécessité de le devenir. Mille fois les habitans de cette ville furent en danger d'être tous tués par les insurrections de ces Ilotes, toujours plus

* *Voyez*, concernant les révolutions éprouvées par les colléges des Pythagoriciens, *l'Appendice I*.

nombreux que nous et toujours plus terribles, parce qu'ils étaient plus indignés. N'y aura-t-il donc, disaient nos Pythagoriciens, aucun milieu entre opprimer et être opprimé? Et que deviendrons-nous si ceux-ci nous attaquent lorsque nous aurons l'ennemi à nos portes? Une guerre extérieure obligea les habitans de Tarente à être justes. La mort du dernier roi Aristophilidès* donna occasion, après l'abolition de l'esclavage domestique, d'abolir aussi l'esclavage civil; et au gouvernement des rois succéda celui des lois. On réussit à persuader au peuple que le meilleur des gouvernemens est celui où les meilleurs citoyens gouvernent.

Pardonnez si je m'arrête long-temps à parler sur les esclaves; je leur suis attaché. Les Tarentins m'appellent par dérision leur ami,** parce que je les plains, parce que je suis satisfait lorsque je puis alléger une partie de leurs malheurs, parce que j'aime que mes esclaves soient mieux nourris que ceux des autres, parce que je n'ai

* Aristophilidès fut le dernier roi de Tarente : HÉRODOTE, II. *Voyez* aussi GRIMALDI I, *annale* V, II.

** *Athénodore dans* ATHÉNÉE, XII.

pas, disent-ils, l'orgueil de les mépriser. Eh! quelle gloire, grands Dieux! peut-il y avoir à mépriser ce que nous-mêmes croyons être très-vil? * Je hais les Spartiates, parce qu'ils traitent aussi mal leurs Ilotes, ils font la chasse des esclaves comme celle des bêtes féroces: ** et je considère comme grands et généreux tous ceux qui se sont occupés d'améliorer le sort et la vie des esclaves, et qui ont condamné les maîtres qui les traitaient trop durement. Vous autres Athéniens, vous n'avez pas été les derniers à exercer les droits de l'humanité. *** Il fut une époque où parmi vous autres Grecs, et parmi nous autres Italiens, l'esclavage fut inconnu. Tel était le temps du bon Saturne, en l'honneur duquel les esclaves de tous les peuples reprennent, certains jours de l'année, toutes les apparences de la liberté. Les peuples conquérans furent les premiers qui introduisirent l'esclavage: ce furent parmi vous les Thessaliens, les Spartiates et les Crétois, qui l'établirent. Vain-

* Platon.

** Cela s'appelait *crypteïa*.

*** *Démosthène contre Midias*, Ath. VI.

queurs des anciens habitans de ces contrées, ils les condamnèrent à cultiver la terre, se réservant à eux seuls le droit de vivre dans l'oisiveté. Enorgueillis par la victoire, ils se croyaient d'une race supérieure aux vaincus. Ce sont les habitans de Chios, dit-on, qui les premiers ont acheté des esclaves à prix d'argent. Cela était plus humain, mais aussi plus dangereux. Vous savez ce qu'on a dit d'une telle conduite. *Les habitans de Chios ont acheté leurs maîtres;* et les séditions, les calamités par lesquelles cette île a été tant de fois déchirée et presque détruite, ont confirmé par l'expérience la sagesse de cet ancien proverbe.*

Mais, hélas! combien il est difficile de faire le bien! et combien il est vrai que les sages ne doivent l'essayer qu'en tremblant! Il était inévitable que plusieurs des Pythagoriciens gouverneraient: comment en aurait-il été autrement, puisqu'ils y étaient les plus propres? Cela excita d'abord contre nous la haine des grands. Je vous ai déjà parlé de Cilon, qui devint furieux contre nous, uniquement parce que ses vices l'avaient rendu indigne d'être compté parmi nous.

* Athénée, *ibidem.*

Mais la haine des grands ne nous empêcha point de faire le bonheur du peuple dans tous les lieux où l'on établit un nouvel ordre de choses, et où l'on améliora les anciennes institutions, dans tous les lieux où régnaient les arts, la paix, l'abondance et la sûreté publique, sans laquelle il ne peut exister aucun bien. Cependant les grands ne pouvant pas nous vaincre sans le secours du peuple, se réunirent à lui, d'où il résulta un nouveau genre de persécution. Nous voulions la liberté et l'égalité; mais l'une ne devait pas se convertir en licence, ni l'autre en anarchie. Le peuple cependant se modère difficilement dans ses idées; et les scélérats savent toujours mettre à profit ses erreurs. Vous les trouverez toujours ennemis de vos maximes quand vous voudrez les établir. Si, en s'y opposant, ils ne peuvent pas vaincre, ils font semblant d'en être les partisans, et les exagèrent de manière qu'ils les font tomber à force d'abus. Auparavant ils nous reprochaient de donner au peuple trop de droits, ensuite ils nous accusèrent, à la face du peuple, de lui en donner trop peu, et promirent de lui en donner beaucoup plus. L'esprit du peuple est plus inconstant que les vagues de la mer Adriatique; et ceux même qui auparavant avaient été poursuivis par l'abus du pouvoir furent de nouveau opprimés par l'abus de la liberté. Ainsi les maux que les seconds produisirent, furent pour nous plus funestes et plus nombreux que les maux produits par les premiers.

CHAPITRE XVI.

TROISIÈME DISCOURS D'ARCHITAS.

« Je vous parlerai des événemens qui nous sont arrivés. Je vous raconterai ceux que j'ai vus moi-même et auxquels j'ai été un des premiers à participer. J'étais jeune quand il se forma une nouvelle insurrection contre les Pythagoriciens, insurrection dont on a tant parlé dans la Grèce, en faisant courir le bruit que Pythagore en avait été la victime. Il est vrai que Pythagore mourut dans ces terribles circonstances, et qu'il mourut parce que cette société qui conservait sa doctrine fut dissoute et dispersée. »

» Le bon Philolaüs fut aussi la victime du peuple d'Héraclée, lors de cette insurrection. Quand la philosophie et la vertu produiront-elles un homme qui lui ressemble ? »

« Alors Lisidas passa dans la Grèce. Ce vertueux ami espérait que l'orage étant calmé, *

* *Épître de Lisidas*, *Œuvres mytholog.* de Gale.

l'empire des lois se rétablirait. Espérance trompeuse! Il est mort hors de sa patrie et loin de ses amis, après vous avoir donné Épaminondas, et vous avoir présenté en lui l'utile exemple du pouvoir qu'a la sagesse, de rendre les hommes meilleurs et les cités plus heureuses. »

» Lisidas s'était entièrement adonné, chez les Grecs, à l'éducation de la jeunesse. Et que peut-on faire de mieux lorsqu'un peuple est devenu, par la perte des bonnes mœurs, intolérant et ennemi de tout ordre légal? On dit que Lisidas était furieux contre Hypparque, parce qu'il avait révélé nos secrets. Je crois qu'il était irrité à cause de l'avarice d'Hypparque, de Théodore de Cyrène et d'Hippocrate de Chios, qui ont vendu ce qu'on n'eût jamais dû que donner, la science.* Les colléges étant dissous, il était insensé d'en vouloir conserver les secrets. C'était vouloir confirmer le soupçon que le peuple avait conçu contre nous. Le conseil le plus prudent était de dire à nos concitoyens, aux Italiens, au monde entier : Vous nous avez accusés, poursuivis, détruits; et pourquoi?

* FABRICIUS, B. G, V, I.

Voilà ce que nous pensions; voilà ce que nous préparions pour votre bonheur; et si vous ne l'aviez empêché, voilà ce que nous aurions fait.»

« Du moins, après tant de malheurs et de persécutions que nous avions soufferts, après tant d'espérances perdues, j'étais consolé en pensant qu'un jour il serait produit quelque bien par ces assemblées de la nation que vous voyez établies chez plusieurs peuples d'Italie, et que l'on doit à cet amour de la patrie que nos Pythagoriciens n'ont pas oublié, même au milieu de l'exil. Quand il fut question des conditions de leur retour, les exilés demandèrent qu'on établît entre toutes les villes d'Italie la même fédération qui existait entre les villes achéennes. Les Italiens, fatigués des maux qu'ils avaient soufferts, formèrent une ligue pour leur commune défense, et prononcèrent la peine de mort contre les chefs de toute ville qui refuserait des secours à une autre, qui serait attaquée par un ennemi commun. Ce sont les Achéens qui donnèrent ce conseil, et ce sont ces mêmes Achéens qui avaient exercé envers les exilés une hospitalité si généreuse. Les Crotoniens, les Sybarites, les Locriens, furent les premiers à l'accepter, et ils commencèrent à tenir leurs assemblées dans un temple qu'ils consacrèrent à *Jupiter homorien*. Dans les siècles suivans, d'autres peuples et d'autres villes s'unirent à eux; et la ville d'Héraclée fut déclarée le siége de ces assemblées générales. * »

» Mais bientôt le démon de la discorde s'agita sur les bords de l'Eurotas et sur les rivages du Pyrée et de Syracuse, pour troubler de nouveau notre tranquillité naissante, et rompre les faibles liens de notre confédération. »

« Après la fatale journée d'*Ego-Potamos*, les Spartiates étant devenus maîtres d'Athènes et demeurés sans rivaux dans la Grèce, le génie profondément perturbateur de Lysandre fit croire aux Spartiates qu'ils rendraient leur puissance plus durable et plus sûre, en introduisant dans toutes les villes conquises ces mêmes institutions olygarchiques qu'ils avaient dans leur patrie. Non contens des changemens qu'ils avaient faits dans la Grèce, ils envoyèrent Ariste à Syracuse pour offrir leurs secours à

* *Voyez* Mazzocchi, *sur les Comices d'Héraclée*, T. II.; Diodore de Sicile, XIV; *Annales du royaume de Naples*, par Grimaldi, V. 1 et 2. — *Appendice II*.

Denys, afin qu'il pût plus facilement usurper l'empire de la Sicile.* Détruisons, disait-il, même jusqu'au souvenir des gouvernemens populaires. De nouveaux maîtres qui s'élèveront sur leurs ruines seront nos amis, à cause des secours que nous leur prêterons et par la ressemblance des opinions. Cet exemple de morale perfide était très-dangereux, par la nécessité où elle mettait les autres peuples de l'imiter. Les Athéniens, après avoir recouvré leur liberté, se proclamèrent les défenseurs des institutions populaires. Ce genre de politique ne manque jamais de produire quelque effet dans les premiers temps, parce qu'il est rare que dans la ville à laquelle on fait la guerre il n'y ait deux partis, et qu'en se déclarant protecteur de l'un d'eux on ne diminue les forces de ses ennemis en les divisant : tout ce qu'on réussit à leur enlever on l'ajoute à ses propres armes. La guerre devient plus générale, parce que même les villes qui n'ont aucun motif de se plaindre de leurs voisins et de prendre parti contre eux dans leurs querelles, courent aux armes aussitôt que de ces querelles

* DIODORE de Sicile, au lieu cité.

peut naître l'espoir de quelque changement dans leur administration intérieure, dont les citoyens se plaignent toujours beaucoup plus que des affaires de l'extérieur. Je ne nierai point qu'avec une telle politique quelqu'un n'ait réussi à opérer de grands changemens imprévus, parce qu'il attaque ainsi la ville ennemie par son côté le plus faible : en effet, chaque gouvernement ne tient à rien tant qu'à ses propres institutions ; et il n'est point d'attaque par laquelle il puisse être aussi facilement vaincu que par celle qui le force à changer ses institutions politiques. Alors il n'y a de salut à espérer que dans le secours d'un grand homme, qui sache que la plus sûre manière de vaincre l'ennemi est de le prévenir, et de faire soi-même ce que l'ennemi a intention de faire. »

« Mais voyez quel est le triste résultat de ces coupables artifices ! ils dénaturent la guerre, qui se change en une sédition générale et cruelle. Le peuple vainqueur, lié également par la promesse qu'il a faite aux vaincus de leur donner les institutions qu'ils désiraient, et par son intérêt, qui est toujours de conserver pendant la paix l'empire qu'il a acquis par la guerre, flotte entre des conseils mitoyens, qui, sans augmenter le nombre des amis, ne diminuent pas celui des ennemis, ne détruisent ni ne conservent le pays, et finissent par la ruine de ses amis et de lui-même. »

« Les Spartiates ne conserveront point l'empire de la Grèce, et les Athéniens ne le reprendront jamais. Le fils de Denys ne gardera pas la couronne de son père. Et nos cités, que deviendront-elles? Si vous voulez parler aujourd'hui aux Locriens, vous ne leur persuaderez jamais que c'était un bien frivole honneur, de donner une de leurs citoyennes pour *femme de campagne* à un général des Syracusains; * vous ne convaincrez jamais nos *Eupatrides*, ** qu'il n'y

* Denys eut deux femmes à la fois. La seconde fut Doride de Locres. Avant de la demander aux Locriens, il en avait demandé une aux Reggiens, qui lui répondirent qu'ils n'avaient à lui offrir que la fille d'un domestique du commun du peuple. DIODORE, XIV. Ces deux femmes firent naître la dénomination de *Femme de ville* et de *Femme de campagne*. WIELAND, *Aristippe*.

** NOBLES. — Il est connu que Denys essaya de se rendre maître de l'Italie, en y excitant des séditions, des guerres civiles, des guerres d'opinions, en mettant tout en désordre et en révolution. *Voyez* JUSTIN, DIODORE, GRIMALDI.

a rien de commun entre être bon citoyen et descendre en ligne droite des Phalantes ; vous ne conduirez jamais ces fous de Brutiens à avouer qu'une liberté sans lois et sans magistrats n'est qu'une anarchie. Il viendra un temps où tous s'apercevront que Denys a trompé également les Spartiates, les Athéniens, les Italiens ; et que son unique but était de faire détruire par des guerres réciproques ses amis et ses ennemis, afin qu'en battant les uns et en trahissant les autres, il pût régner seul. Que lui importait quel sang fût versé? Denys ne voyait couler qu'un sang étranger. »

— Tu parles de Denys? lui dis-je : mais réponds-moi, ô Architas! D'où naquit en lui cette haine féroce avec laquelle il poursuivit les Pythagoriciens? Je sais qu'il fut un temps où il désirait leur amitié. On raconte qu'ensuite il s'irrita contre eux, à cause de l'obstination avec laquelle ils gardaient le secret de leur secte.

« Écoute, répondit-il : l'ame est sujette à un grand nombre de maladies. Il est vraisemblable qu'un homme rempli de craintes et de soupçons, comme l'était Denys, se soit irrité, ne retrouvant jamais ce qu'il désirait toujours, ce qu'il espérait toujours de retrouver. La crainte et le soupçon sont les passions les plus fatales aux hommes puissans, parce que ce sont les seules qu'on ne peut jamais ni vaincre ni calmer. Celui qui a craint beaucoup doit craindre encore davantage. Celui qui a le plus de soupçons a raison de soupçonner toujours plus, jusqu'à ce que, devenu odieux et insupportable par les cruautés auxquelles ses soupçons même l'entraînent, il tombe victime de maux qui ne seraient jamais arrivés sans ses craintes, ses soupçons et ses cruautés. La persécution irrite les ames des opprimés et les endurcit au point de ne vouloir plus révéler même ce qui n'importe pas; tandis que d'autres hommes, faibles et efféminés et qui ne manquent jamais, croient toujours posséder un secret important, et ils ne sont jamais contens s'ils ne répètent à tout le monde qu'ils en sont les dépositaires, jusqu'à ce que la vanité même les oblige à trahir leur devoir : ou s'ils conservent encore quelque vertu, ils exposent les premiers à la persécution des puissans; persécution que les malheurs même de ceux qui en sont l'objet ne font qu'aggraver, parce qu'ils augmentent dans les méchans le soupçon, et l'indignation dans les gens de bien. Il ne s'agit plus alors de conserver un secret, mais de s'opposer à une persécution. »

« Telle est l'histoire de ce qui est arrivé en Italie par la persécution de Denys. Tu verras un jour, ô Cléobule, sur la route qui conduit à Locres le tombeau de ces dix Pythagoriciens qui furent tués là par des soldats de Denys, ainsi que le tombeau de cette généreuse Timica, qui, livrée par son ordre aux plus cruels tourmens, se coupa la langue avec les dents, craignant que la douleur ne lui fît commettre quelque lâcheté qui pût devenir funeste à ses compagnons. * »

« Mais, en parlant de Denys, il n'est pas nécessaire de recourir à tous ces faits. Il rechercha l'amitié des Pythagoriciens tant que ceux-ci furent puissans et qu'il était faible. Il chercha en eux le soutien de son empire naissant. Il ambitionna l'amitié des sages, parce qu'il en ambitionnait la renommée; et il croyait pouvoir arriver par ce moyen jusqu'à ajouter la force des armes à la force des opinions. Lorsque, maître de la Sicile, il se crut assez fort pour tenter la conquête de l'Italie, il commença à

* Barthélemy.

haïr la sagesse et l'amour de la patrie qu'avaient ceux qui, s'ils étaient restés les maîtres, ne lui auraient jamais permis ni de dominer ni de troubler ces belles contrées. Anaxilaüs, avec un cœur et un esprit différens, pendant une autre sédition excitée contre les Pythagoriciens, en fut le plus ardent et le plus généreux défenseur. Je ne sais si Anaxilaüs est aussi connu dans la Grèce que l'était Denys; cependant il est d'autant plus digne de l'être, qu'il est plus utile pour le genre humain de multiplier et d'éterniser les exemples de vertu, que les exemples des vices.

Reggium était, de même que Syracuse, troublé par des dissensions intestines. Les grands n'avaient point de modération dans l'usage qu'ils faisaient de leur pouvoir. Le peuple n'en avait pas dans l'usage de sa liberté. Le souvenir des différentes origines des habitans de cette ville augmentait la fureur des partis; et pendant que les uns se rappelaient qu'ils étaient Italiens, ils faisaient retentir devant lui le titre d'enfans de la même contrée : les uns se souvenaient qu'ils étaient Messéniens; d'autres se vantaient d'être Calcidiens : tous oubliaient d'être Reggiens.

Anaxilaüs était le premier parmi les Messéniens, descendant de cet Alcidamidas qui régna le premier à Reggium. * Mais il fut juste et écarta les folles prétentions de chacun, et il se proclama le défenseur de tous les droits sacrés. Sa justice n'est que de l'ambition, disaient ses ennemis; et il répondait : Nous sommes tous également ambitieux; mais moi seul je sais l'être par la justice. La postérité reprochera peut-être à Anaxilaüs le désir immodéré de la puissance, par lequel, pendant les dix-huit ans de son règne, il troubla trop souvent la Sicile et l'Italie; mais les circonstances et les hommes étaient dans un tel état que tous demandaient un maître. Tu me recommandes, écrivait-il à Hiéron, qui avait pris la défense des Locriens, tu me recommandes les droits du petit nombre, et tu m'accuses de les violer; et tu ne penses pas que je défends les droits de tous. Tu as à cœur les intérêts de quelques hommes; et tu ne penses pas à ceux du genre humain. Tu soutiens les droits de la génération présente; et tu crois qu'elle n'aura aucune obligation aux générations

* MURISANI, *Marbres des illustres Reggiens.*

futures. Mais je te dis que si mes concitoyens eussent été tous sages et équitables, Anaxilaüs aurait vécu dans sa patrie égal à tous les autres; et après sa mort les citoyens et les étrangers n'auraient rappelé de lui que sa vertu et son hospitalité. Mais leurs folies et leurs injustices font que les lois ne pouvant régner par elles-mêmes, il faut au moins qu'il y ait quelqu'un qui les fasse observer, et qui ne permette pas que, par les dissensions des méchans, cette terre sur laquelle nos descendans ont des droits soit réduite en un désert.

Au temps d'Anaxilaüs, le plus grand nombre des villes d'Italie se souleva contre les Pythagoriciens. Il faut dire à la louange des Tarentins, qu'ils ne se réunirent pas aux séditieux, mais qu'ils accueillirent de la manière la plus hospitalière tous les Pythagoriciens qui, poursuivis dans les autres villes, cherchèrent un asile chez eux. Parmi ces Tarentins se distingua Archippe. * Le plus grand nombre cependant se réfugia à Reggium, où ils obtinrent d'Anaxilaüs l'entière liberté de professer leur science. **

* Bruker, L. C.

** Murisani, L. C.

Les ennemis de la philosophie essayèrent d'élever des soupçons contre les nouveaux hôtes, en disant que cette sagesse qu'ils apportaient serait funeste à sa puissance. Calomnie insigne! répondaient - ils : avant l'origine des Pythagoriciens, beaucoup de rois avaient été mis à mort; et peut-être les soulèvemens, les troubles, les dissensions civiles, étaient alors plus fréquens et plus atroces, parce qu'il manquait, entre ceux qui gouvernaient et ceux qui obéissaient, un moyen pour s'entendre et se corriger réciproquement. Comme le vent qui souffle des rivages de l'Afrique, ne trouvant dans les plaines immenses de la mer Tyrrhénienne ni colline ni plante pour arrêter son cours ou en diminuer la violence, produit la tempête aussitôt qu'il parvient jusqu'à nos rivages : de même le plus léger mécontentement se terminait par l'effusion du sang. Vous me conseillez de chasser les philosophes, et je voudrais que tous mes concitoyens le devinssent. Il ne me manquerait plus ce que trop souvent je ne trouve point aujourd'hui, quelqu'un qui veuille et qui sache me dire la vérité. Les uns me disent: *Anaxilaüs, tu es puissant*; d'autres, *Anaxi-*

laüs, tu es généreux; certains ajoutent: *Tu es heureux, Anaxilaüs!* Eh! quel plaisir puis-je jamais trouver à m'entendre répéter chaque jour ces paroles et d'autres semblables, dont la plupart sont dénuées de vérité, et dont je dois une grande partie, non à moi, mais à la fortune? Il n'est aucun de ces discours auquel je puisse ajouter foi. Dans l'état où les Dieux m'ont placé, comment voulez-vous qu'on me tienne un langage différent? Mais quand un homme me dit la vérité, et me croit digne de l'entendre, il me donne une louange sincère, et telle que la fortune ne peut y avoir aucune part; louange qui est toute à moi et qui seule m'est agréable.

Un autre lui disait un jour: *A quoi te servent tes amis les philosophes? tu régnerais également sans eux.....* Il répondit: *Mais ce sont eux qui m'apprennent à régner et à me faire aimer.* Un autre disait: *Il y a, dans ce que disent les philosophes, beaucoup de choses inutiles ou fausses.* Il répondit: *Mais elles servent toujours à faire comprendre qu'il est très-difficile de trouver celles qui sont vraiment utiles. Je deviendrai plus laborieux et plus prudent, le peuple plus patient et plus docile ; et tous les deux nous serons plus justes.*

Ainsi parlait ordinairement Anaxilaüs. Il a été roi ; il n'est plus. La postérité, qui a coutume de juger les rois plus sévèrement que les particuliers, venge ainsi après leur mort les outrages que pendant leur vie les flatteurs ont faits à la vérité ; et cette postérité sévère a respecté la mémoire d'Anaxilaüs.*

* GRIMALDI, *Annales*, *Vers.* 2.

CHAPITRE XVII.

DISCOURS DE PLATON.

Qui est donc ce Pythagore ? quelle est sa patrie, son âge ? où est-il né? où est-il mort ?.... Je voulais faire toutes ces demandes à Architas : mais, avant de lui parler, j'ai exposé mes doutes à Platon ; et voici ce qu'il m'a répondu.

— Nous autres Grecs, nous sommes très-portés à créer des fables, qu'ensuite nous propageons comme de véritables histoires. Nous n'apprécions pas l'histoire des autres peuples ; notre unique soin est de donner une origine et un nom grecs à tel homme dont nous avons su l'existence. Nous montrons dans la Crète le tombeau de Jupiter ; dans Délos, le berceau d'Apollon ; dans Thèbes, celui d'Hercule : et pleins d'une confiance nationale, nous disons : *C'est ici qu'ils sont nés ; c'est là qu'ils sont morts ; et tous les peuples les ont connus après nous.*

Quelle est la patrie de Pythagore ? Métaponte, Fliunte, Samos, Tyr, se disputent cet honneur : quelques-uns le croient Lucanien, quelques autres Égyptien, certains Étrusque. Il y en a qui vous disent que son père *Mnésarque*, *Mnestère*, *Demeratus*, (qui sait son nom ?) joaillier, marchand de blé, ou quoi qu'il fût (car son métier est plus incertain que son nom), partit de Samos, sa patrie, (on ne dit pas si ce fut notre Samos en Grèce, ou un autre Samos en Italie); et il alla avec sa femme à Délos, où Apollon en devint amoureux, et eut avec elle une de ces liaisons humaines qu'avec tant d'indécence Homère attribue aux Dieux. Le mari, plein de respect pour la divinité, changea l'ancien nom de *Parténaïde*, que portait sa femme, en celui de *Pithiade;* et il partit pour Sidon, où elle mit au monde un enfant à qui on donna le nom de *Pythagore*. Si l'auteur de ce récit avait eu l'adresse de faire en sorte que *Parténaïde* eût abordé en Égypte pendant qu'elle portait *Pythagore* dans son sein, il aurait contenté tous les pays qui prétendent avoir eu part à la naissance de ce grand homme.

Ne vois-tu point que ce ne sont là que des fables inventées ou adoptées par le vulgaire, qui trouve toujours ou qui imagine facilement qu'il y a du merveilleux ou du divin dans tous les hommes qu'il admire? S'il arrivait jamais que j'obtinsse parmi les Grecs cette célébrité dont Pythagore a joui parmi les Italiens, il ne serait pas impossible que l'enfant d'Ariston devînt l'enfant d'Apollon. 1)

Les événemens de la vie de Pythagore sont merveilleux comme ceux de sa naissance. Il avait une cuisse d'or, disaient quelques-uns; d'autres disaient qu'il se ressouvenait d'avoir été Euphorbe dans la guerre de Troie. Il calmait les tempêtes et prédisait les tremblemens de terre...... Toute cette partie de l'Italie est comme un temple élevé au nom de Pythagore; et chaque partie de ce temple renferme un monument qui rappelle les miracles qu'il a opérés.

Ces choses ont été en partie imaginées par d'autres, et sont dérivées, en partie, des principes que Pythagore enseignait. Par exemple, il avait dit que nos ames sont immortelles, mais

1) Cela arriva en effet. *Voyez* BRUKER dans *Platon*.

qu'elles transmigraient d'un corps dans un autre. La curiosité du peuple élève naturellement cette demande : *Mais vous rappelez-vous quelques-unes de ces transmigrations?* Qui répond maintenant à cette demande? le vulgaire lui-même: car, lorsqu'un sage répond, sa réponse est toujours telle que le vulgaire a besoin de faire de nouvelles questions; et en dernière analyse c'est toujours le vulgaire qui répond au vulgaire. Quelquefois les *beaux esprits* répondent; et leur ironie, qui n'est pas entendue du vulgaire, donne croyance à beaucoup de choses inconcevables que le peuple n'aurait jamais imaginées de lui-même.

Quand je vois un grand nombre de fables, elles me donnent l'idée d'une grande antiquité. Le sujet auquel on attribue ces fables devient pour moi un objet idéal, auquel on attribue toutes les choses qui ont le même caractère. Semblables à des enfans, toutes les nations, avant que leur histoire soit sûre et authentique, imaginent des êtres auxquels ils attribuent tous les biens et tous les maux qu'ils éprouvent; car notre esprit, tendant toujours à l'unité, et ne pouvant, à cause de l'enveloppe des sens grossiers, comprendre la cause unique de toutes choses, imagine toujours différentes espèces d'êtres. C'est ainsi qu'après s'être créé les *dieux principaux* qui expriment les forces de la nature, nos pères imaginèrent *des demi-Dieux* qui ont formé la société, Cérès, Hercule et Bacchus. Après les demi-dieux, vient la sagesse humaine personnifiée par eux dans *Linus* et *Orphée.*

Pythagore n'a-t-il pu être le Linus et l'Orphée des Italiens? Son nom ne contrarie certainement pas cette supposition. * Nous appelions *Hiérophante* le chef de nos mystères; le chef d'un collége de prêtres de la sagesse fut plus justement appelé *Pythagore.* Peut-être jamais individu de ce nom n'a existé en Italie que de cette manière; de même qu'en Grèce il n'y a jamais eu un individu appelé *Hiérophante.* Mais des travaux de ces divers chefs de colléges on a formé ensuite l'histoire d'un seul homme. Pythagore avait deux autres frères

* *Pythagore.* Ce nom, en Italien, peut être traduit par *l'homme éloquent par excellence*; et Aristippe croyait que ce n'était pas sans raison qu'il a été donné au plus grand propagateur de la vérité. Diog. 8. — *Voyez* aussi, sur tout ce qui sera dit dans la suite, Bruker, Bonafide, etc.

dont il était le puîné. Le premier s'appelait *Bonne-loi*, le second *Tyrenus*, et lui *Pythagore*. Réunissez ces trois noms : et vous trouverez peut-être qu'ils conviennent pour désigner une secte de philosophes qui a pour objet le bonheur du pays où elle a pris naissance.

Nous autres Grecs nous faisons Pythagore, tantôt disciple d'un Phénicien, tantôt d'un Égyptien, tantôt de ce Férécide qui, quoique né dans d'autres contrées, vécut parmi nous et y professa la sagesse. Mais s'il fut véritablement le disciple de Férécide, tu vois bien que l'histoire du disciple, comme moins ancienne, ne pourrait pas être plus fabuleuse que l'histoire du maître. La doctrine de Férécide n'est point telle qu'on puisse la dire entièrement semblable à la doctrine de Pythagore : il n'est pas croyable que dans un si court période de temps, la doctrine du maître ait pu recevoir une aussi grande altération par le disciple. Mais il sera arrivé, sans doute, que Férécide ayant enseigné parmi nous quelque point de doctrine analogue à celle des Pythagoriciens, tel que la doctrine sur la nature de l'ame, nous avons été induits à croire que les Italiens l'avaient apprise de lui.

Tu vois bien que les mêmes sciences qui chez nous sont circonscrites encore parmi les savans, sont devenues communes ici : preuve évidente d'une antiquité plus reculée.

On dit que la doctrine de Pythagore est venue de l'Égypte, et cela, parce que dans quelques points les préceptes des Pythagoriciens et des Égyptiens se ressemblent. Mais moi qui ai été en Égypte, j'ai observé en combien de points ces deux doctrines diffèrent entre elles.

Veux-tu savoir quel est, à cet égard, mon opinion ? J'ose dire que Pythagore n'a jamais existé ; qu'il n'est autre chose qu'un nom que les hommes ont imaginé pour signifier un système de connaissances qui a commencé dans des temps très-anciens, et qui s'est conservé et transmis par un collège de savans qui eut son origine et ses progrès en Italie.

On dit que Pythagore a découvert en même temps les propriétés de l'hypothénuse, les règles de la musique, et les lois de l'harmonie des corps célestes. Ne vois-tu pas que ces trois vérités ne peuvent pas être découvertes par une même personne, et que celui qui sait assez peu de géométrie jusqu'à ignorer les propriétés de l'hypothénuse, ne peut pas ensuite en savoir assez pour calculer les proportions de l'harmonie. S'il est vrai que Pythagore a le premier découvert les propriétés de l'hypothénuse, il doit être de la plus haute antiquité : s'il a découvert le système des corps célestes, il doit être bien moderne. Recueille toutes les actions et toutes les découvertes qu'on attribue à Pythagore; rappelle-toi toutes les personnes avec qui l'on dit qu'il a conversé : tu le trouveras contemporain des Polycrate, des Phalaris, des Milon, des Philolaüs. Rappelle-toi tous les lieux dans lesquels on dit non-seulement qu'il a voyagé, mais où il s'est long-temps arrêté; tu trouveras Samos, l'Égypte, la Syrie, Babylone, l'Italie : il sera nécessaire de lui donner quatre cents ans de vie. Ainsi nous ne parviendrons à aucun résultat : nous résoudrons toutes les difficultés, excepté celle de le faire mourir deux fois. Il sera donc nécessaire de supposer qu'il a existé autant de Pythagores qu'il y a eu de chefs de colléges dans les villes italiennes. Ainsi tu trouveras un Pythagore dans chaque siècle, dans chaque contrée. Il sera Crotoniate, Métapontain, Lucanien, Étrusque; il sera contemporain de Milon, de Philolaüs, de Telange, de Tétane, et que sais-je encore? Tous pourront être ses enfans.

Peut-être une grande partie de la science pythagoricienne est-elle prise des étrangers. Ce n'est certainement pas de nous; car qu'auraient pu en apprendre ceux qui en savaient beaucoup plus? Ce n'est point une idée prise çà et là; mais bien les principes, la méthode, les formules du raisonnement et du langage, en un mot ce que nous appelons dialectique, qui sont l'ame et l'instrument de toutes les parties de la philosophie, et qui en forment le caractère, comme ils en fixent l'origine.

Je retrouve la philosophie de Pythagore dans la langue que parlent les habitans de l'intérieur de l'Italie, qui n'ont pu tirer leur origine de nos colonies, comme on le dit de Tarente, de Crotone et de Sybaris. La langue que parlent ces Italiens n'a certainement pas une origine grecque.*

Dans la langue de ces peuples, les *vérités* ne sont autre chose que des *faits*. Il n'y a pas

* VARRON, de L. L. VICO, *de* A, I. S.

d'autre caractère de la vérité que l'existence ; il n'y a pas d'autre démonstration que l'action. *Entendre*, c'est comprendre une chose dans toutes ses parties, savoir comment elles se sont formées, *en connaître les causes et les effets : penser* vaut moins qu'entendre ; c'est aller recueillir les vérités une à une, et presque à tâtons. L'homme pense et ne peut pas comprendre toutes les vérités, parce qu'il ne peut pas tout faire. La Divinité comprend tout, parce qu'elle peut tout. Elle a tout fait, elle renferme tout en elle-même. Ses pensées sont des volontés, et ses volontés sont ses ouvrages. Nous autres Grecs, nous admirons tant Homère, parce qu'il a représenté les sourcils de Jupiter comme agitant d'un signe tous les élémens : mais ce qu'Homère a écrit, les Italiens l'ont imité ; et ils ont imaginé, pour représenter la puissance de la Divinité, une expression qui indique précisément ce signe irrésistible avec lequel elle peut tout ce qu'elle veut. Ils l'appellent *nume*. Je ne saurais te rendre différemment cette parole en grec, qu'en te disant : *Il dit, et cela fut fait.* Si les Dieux d'Homère font trois pas et arrivent au but, cette parole transmet à ton esprit en un instant toute la force du pouvoir divin. Ce mot *nume* produit le *fatum*, qui ne veut dire autre chose que les décrets mêmes de la Divinité: décrets immuables, parce qu'ils sont vrais; éternels, parce qu'ils sont immuables; bons, parce qu'ils existent.

Ainsi Dieu est la seule et la véritable intelligence. Les Italiens se gardent bien d'appeler l'homme *possesseur de l'intelligence;* ils l'appellent seulement *possesseur de l'ame*, parce que cette parole exprime chez eux la pensée; et ils disent qu'elle participe seulement de l'intelligence, comme d'une chose qui lui est communiquée par la Divinité: idée admirable, qui, tandis qu'elle paraît rabaisser l'homme, l'élève et porte ses connaissances jusqu'à la Divinité, de qui il semble qu'on doit obtenir toutes les vérités!

Cratile a examiné les origines de notre langue; et certainement il n'y a pas retrouvé toutes ces idées.** Maintenant, suppose pour un moment

* Vico, *De antiquâ Italorum sapientiâ.*

** Il est à présumer que Cratile a profité des préceptes de Socrate, et qu'il a continué ses recherches étymolo-

un philosophe qui se montre chez une nation où l'on parle cette langue : la langue produira tôt ou tard dans son esprit des pensées semblables aux paroles. Tu sais que celles-ci sont non-seulement des signes et des effets de nos pensées, mais encore très-souvent les instrumens et les causes ; et si quelquefois il arrive qu'en pensant nous sommes obligés de parler, il arrive encore plus souvent qu'en parlant nous sommes obligés de penser d'une manière analogue. Imagine un voyageur venant en Italie et n'y trouvant pas une école pythagoricienne : il pourrait facilement, en entendant parler les Italiens, deviner qu'elle y a existé ou qu'elle ne tarderait pas à s'y former.

Voilà ce que je peux te dire sur l'existence de Pythagore, en te communiquant plutôt mon jugement que l'opinion des autres. Ces nations italiennes que nous appelons *barbares* ont été policées long-temps avant nous. Elles ont eu des lois et des arts que nous ne leur avons pas donnés. Observe que Cérès est venue de la Si-

giques que Socrate lui avait indiquées. *Voyez* le dialogue de Platon, appelé le *Cratile*. Aristote, *Métaph. I*, dit que Platon apprit beaucoup de Cratile.

cile dans l'Attique pour nous enseigner la culture de la terre et les cérémonies de la religion, premières bases de la vie civile. Cette fable est notre histoire. Mais, je t'en prie, ne parle pas de mes opinions parmi les enfans qui habitent la ville de Cécrops. J'ai dit du mal des Dieux d'Homère; j'ai dit du mal de la philosophie des Grecs; j'ai nié que les Arcadiens fussent plus anciens que la lune. Souviens-toi de la mort du plus sage des hommes, et épargnons un second outrage à la philosophie.

CHAPITRE XVIII.

CLÉOBULE A SPEUSIPPE.

PLATON a acheté les écrits de Philolaüs. A quel prix ? me demanderas-tu. Pour cent mines ; et certes il n'a point *acheté un repentir.* * Peut-être ne les aurait-il pas obtenus à ce prix, sans la misère dans laquelle est tombée la famille de ce grand homme ; et s'il voulait les revendre aux copistes d'Athènes ou de Corinthe, il en obtiendrait même davantage : mais il semble qu'il veuille en faire un mystère. Architas lui a promis que, dans le premier voyage qu'il fera en Lucanie, il traitera avec les neveux d'Ocellus pour obtenir les écrits de leur oncle.

En général les livres pythagoriciens sont rares et coûtent fort cher. Ce n'est pas qu'ils ne soient écrits comme ceux de tous les autres philosophes ; mais comme leur société n'est pas com-

* DIOGÈNE LAERCE, VIII.

posée d'oisifs, tels que sont la plupart de nos philosophes grecs, qui ne vivent point pour savoir, mais qui savent pour vivre (et ils sont d'ailleurs obligés par serment de garder un certain secret) : ils ont plus de raisons que nos philosophes de ne point publier leurs écrits. Mais cette rareté de leurs ouvrages donne ici un certain crédit à une classe d'imposteurs qui se présentent à chaque voyageur, à chaque curieux ; ils se disent des Pythagoriciens consommés, et lui promettent de l'instruire de tous les secrets et de lui faire obtenir tous les livres. Tantôt ils se présentent avec un manuscrit qu'ils disent être..... de qui ? Si vous le voulez, ils soutiendront qu'il est de Pythagore lui-même. Ils vous offrent tantôt les ouvrages de l'un, tantôt les écrits d'un autre. Qu'est-ce ensuite que toutes leurs marchandises ? de petits vocabulaires, de petits dialogues, de petits abrégés, dans lesquels, vous disent-ils, se trouvent l'*esprit*, *la mémoire*, *l'extrait*, *l'image*, de tout ce que l'on a pensé de cet auteur. Tantôt ce sont des *sentences*, tantôt des *comparaisons*, tantôt des *vers dorés*. Ils vous jurent que quand vous aurez lu tout cela, vous le saurez mieux que l'auteur même.

Ils recueillent sous le même nom quelques traits répandus çà et là ; souvent ils recueillent des phrases isolées, et ils choisissent les plus spirituelles, c'est-à-dire les plus étranges et les plus extravagantes. Pendant que je t'écris, j'ai sous les yeux un ouvrage de ce genre. Je t'en transcrirai un seul trait.

« Qu'est-ce que le monde ? — Un être complexe, incompréhensible ; un édifice qu'on doit contempler par la pensée ; une hauteur incommensurable aux yeux ; un spectacle né de lui-même ; une figure multiforme ; un ordre éternel ; un éther élémentaire ; un esprit multiplicateur ; soleil, lumière, jour, étoiles, ténèbres, nuit, terre, feu, eau, air. »

« Qu'est-ce que Dieu ? — Un être naturellement bon ; image multiforme ; hauteur invisible ; question difficile à résoudre ; intelligence immortelle ; esprit qui éclaire tout ; œil vivifiant ; essence de toutes choses ; divinité qui a beaucoup de dénominations, mais toute-puissante ; lumière, esprit, pouvoir. »

« Qu'est-ce que le soleil ? — Un œil céleste, ennemi de la nuit ; cercle éthéré, indicateur des objets ; flamme pure ; agent de la végétation; rayon inextinguible; flambeau toujours brûlant; voyageur céleste; lumière qui ne défaillit jamais; ornement du jour. »

C'est de ces livres et de ces hommes que naissent les fausses idées que le vulgaire se forme des philosophes. Imagine-toi quels seront les jugemens que l'on portera des Pythagoriciens dans mille ans, lorsque les divisions dont le pays est déchiré et les désastres qui suivront les guerres auront détruit et dispersé le petit nombre de leurs livres originaux, et qu'il ne restera plus que ces misérables écrits qui, étant plus multipliés, seront seuls conservés?

Mais quelques personnes achètent ces écrits, parce qu'ils ne connaissent que le nom des auteurs; d'autres, parce qu'ils ne peuvent ou ne veulent pas en savoir davantage. Parmi les nations civilisées depuis long-temps, il y a un besoin général, non de savoir, mais de montrer que l'on sait. Les femmes et les enfans veulent aussi parler de philosophie; il en est de même de ceux qui en savent moins que les femmes et les enfans. La vanité, sans laquelle il n'existe point de société, se plut d'abord à faire dire à l'homme: *Je suis le plus fort.* Ensuite elle ajouta : *Je suis le meilleur* ; enfin, *Je suis le plus riche*. Lorsque la paix et les lois eurent établi la sûreté sociale et rendu plus générales les commodités de la vie, alors l'objet de la vanité humaine fut la gloire de l'esprit : et cela arrive dans la dernière période des cités.

Par le chien !.... A propos de ce *juron de Socrate*, que je prononçai un jour et qui me fit prendre pour un profond philosophe, écoute la dispute que j'ai eue avant-hier avec un jeune Tarentin.

Ne vaut-il pas mieux, me disait-il, que nous nous occupions de ces connaissances que tu appelles puériles, que de nous consumer par les plaisirs du jeu, des femmes et de la table ? — Moi, qui étais fort de la morale de Socrate, je lui répondis : — Je ne te demande pas cela ; je te demande si dans le siècle de ton aïeul on lisait plus ou moins que de notre temps ? — Beaucoup moins. Mon aïeul était un bon homme qui sortait de sa maison avant le jour, et il courait jusqu'à Satorum, où étaient ses propriétés. Le soir il rentrait chez lui accablé du poids de la chaleur et du travail ; et après avoir salué sérieusement sa femme, embrassé ses enfans et donné des ordres à ses domestiques, il soupait. Et quel souper! Les Pythagoriciens ne sont pas si sobres! Sa meilleure nourriture était celle que produisait son jardin. Quels étaient ses discours? Il commençait par demander un compte détaillé de ce qui était arrivé dans sa maison pendant la journée. Ensuite il nous demandait à l'un après l'autre, à nous qui étions encore enfans, si nous nous étions bien conduits, si nous avions manqué de respect à notre mère et à notre aïeul.... Heureusement le sommeil nous prenait bientôt. Ensuite il commençait à parler de ses biens de campagne, et il parlait de tous les vents, de tous les météores, de tous les fruits; il avait compté toutes ses poires et ses figues. Le troisième discours tombait sur ses voisins. Il les connaissait tous; il faisait un détail des affaires de chacun d'eux. Tantôt il racontait qu'il avait donné du travail à un homme qui n'avait pas de quoi vivre; tantôt qu'il avait rendu à ses devoirs un jeune homme débauché; tantôt il se vantait d'avoir rétabli la paix dans une famille; tantôt..... qui pourrait te raconter tout ce qu'il nous disait? Il arrivait par fois qu'il prononçait les noms de quelques-uns de nos magistrats:

c'est alors que mon grand-père parlait de..... Tout allait mal depuis que lui et quelques autres de ses amis s'étaient retirés des affaires; tout allait bien tant que les affaires publiques avaient été entre leurs mains. Il faisait apporter d'autre vin, et à chaque coup qu'il buvait, il prononçait condamnation contre tel voleur, qui n'aurait pas existé sous son gouvernement. Bientôt après il censurait une loi, qui de son temps n'aurait pas eu lieu. Encore un verre de vin, et il gagnait une bataille que l'on n'eût certes pas perdue lorsqu'il était Ephore. * C'est ainsi qu'il passait la soirée au milieu de sa famille et de ses amis. Il allait ensuite jouir d'un sommeil tranquille, en attendant une autre journée semblable à celle qu'il venait de passer. — Mais ton grand-père avait-il des livres? — Mon aïeul savait par cœur *Homère* et *Tyrtée*, et disait qu'eux seuls avaient été poètes, parce qu'eux seuls rendaient les hommes plus courageux et plus grands. Il avait quelques livres d'hymnes sacrés, parce qu'il croyait que la Divinité devait être adorée; il avait aussi beaucoup d'almanachs, et quelques recueils de secrets

* Les Tarentins avaient établi chez eux cette magistrature. *Voyez* MAZZOCCHI, *ad.* T. H.

— Ainsi donc ton aïeul ne se perdait pas par la débauche, le jeu et les femmes? Il ne se consumait pas en recherches dans une science frivole? L'homme qui ne sait pas être vertueux caresse toutes les passions; et il croit, en en flattant une, diminuer l'empire des autres. Je ne sais point comment cela arrive; mais plus nous avons de vices, plus nous avons de temps à leur donner.

CHAPITRE XIX.

DE CLÉOBULE.

Les philosophes italiens ont écrit beaucoup de livres sur les arts utiles. Il n'en est pas un seul qu'on puisse dire qu'ils aient négligé. Ils ont des livres sur la peinture, sur l'architecture, sur la musique, sur la gymnastique, sur l'agriculture, sur la pêche, sur la chasse. Ils ont observé et décrit la nature de tous les animaux, de toutes les plantes, de toutes les pierres. En veux-tu savoir davantage ? L'art même de la cuisine n'a pas été réputé indigne de leurs soins. Et peut-être les Pythagoriciens ont été les premiers à écrire des préceptes sur les moyens de réunir la jouissance et la santé. Architas lui-même a écrit un traité sur l'art de préparer les mets. *

Quel homme est donc cet Architas! Que

* Athénée, Jamblic, XXIX. On trouvera une nomenclature des auteurs italiens qui ont écrit sur les arts, dans l'*Appendice I*.

de variété dans son esprit ! Ses jeux même sont admirables ; et cette petite machine qu'il a inventée pour l'amusement de ses petits-enfans est si ingénieuse qu'elle fait l'admiration des vieillards. Il fit, il y a quelque temps, une colombe de bois qui exécutait tous les mouvemens d'une colombe vivante. * Cette autre petite machine dont je te parle, qui par son mécanisme ingénieux exécute plusieurs symphonies, a donné lieu à Tarente au proverbe par lequel on appelle *crepitaculi d'Architas* tous les hommes qui parlent beaucoup sans savoir ce qu'ils disent. Que de *crepitaculi* nous avons dans notre Athènes !

Deux choses, selon moi, démontrent mieux qu'aucune autre l'ancienneté de la science chez ce peuple. La première est que depuis long-temps elle y est dirigée vers les objets et les besoins de la

* Aulu-Gelle, X, 12. Inventions anciennes et nouvelles de Paschius, *page* 640, etc., etc. — Plusieurs auteurs ont écrit sur la colombe d'Architas ; mais personne n'a su nous la décrire. Il en est de même de son *crepitacolo*, dont a parlé Aristote, *Polit. VIII*, 6. Lampe, *des Cymbales des anciens*, etc., etc. Erasme, *Adages. Crepitaculum*, Architas.

vie; la seconde, de la trouver si commune parmi les femmes. Les connaissances humaines commencent toujours par la divinité, et c'est à cause de cela qu'elles sont inutiles, dans le cours de la vie, pour le plus grand nombre des hommes obscurs. Les savans disputent, et l'agriculteur n'apprend rien : il y a une distance immense entre Dieu et la nature, entre la charrue et les légumes. A mesure que les intervalles se remplissent par l'étude des causes secondaires, la science se rapproche des arts et des nécessités de la vie; elle devient plus utile, plus facile, plus commune.

Les femmes pythagoriciennes, célèbres par les livres qu'elles ont écrits, sont très-nombreuses. Les plus illustres sont Esara et Bindace, toutes deux Lucaniennes. La seconde était sœur d'Ocellus et d'Ocile. La première a écrit un traité sur la nature de l'homme,* dans lequel tu trouveras tant de force de raisonnement, que tu seras tenté de douter du sexe de l'auteur. Mia, Téane, Melissa, se sont occupées des objets domestiques, et ont écrit sur l'éducation des enfans, sur les devoirs des épouses et des mères de famille.

* Fabricius, B. G. V. I.

J'ai vu le portrait de cette célèbre Téane, qui réunissait à la science tous les avantages de la grâce et de la beauté. Le peintre l'a représentée au moment où elle sortait du temple de Junon. A la beauté, au *grandiose* de ses formes, à l'air de noblesse qui respire dans tous ses traits, on la prendrait pour la Déesse même sortant du temple entourée de son peuple. De jeunes Crotoniates sont groupés autour d'elle : on croirait lire dans leurs yeux brillans, dans leurs lèvres à demi-ouvertes, dans le mouvement léger de tous leurs membres, cette impatience de posséder, qui est le dernier degré du désir. On voit le jeune étourdi qui l'arrête en la voyant, et s'écrie : *Ah! le beau bras!* Téane le retire et passe outre : et Timarque nous fait entendre, pour ainsi dire, les paroles qu'elle prononçait : *Oui; mais il n'est pas pour tous.* 1)

Si un homme riche faisait porter ce tableau à

1) Il est attribué à Téane un mot semblable par Plutarque. — Timarque est probablement le nom du peintre. Il a peut-être existé dans la grande Grèce un peintre très-célèbre qui a porté le même nom ; mais les autres écrivains n'en parlent pas.

Athènes, toutes nos élégantes courraient pour l'admirer : *Téane* deviendrait l'objet de comparaison de toutes nos belles. Si un sage faisait connaître aux Athéniens les lettres que *Téane* écrivait à Eubolina, à Nicostrate, à Callistona, ces lettres dans lesquelles elle a peint elle-même son esprit et son ame avec autant d'élégance que de vérité, mieux encore que Timarque n'a su peindre les formes de son corps ; nos belles s'ennuieraient de cette lecture. Cependant toute la beauté du tableau de Timarque vient de l'expression de l'ame et de l'esprit de *Téane*.

Ces formes extérieures sont belles, me disait Mnésille ; mais si vous parcouriez le pays de Crotone où naquit Téane, vous verriez mille femmes aussi belles. Cette ville a toujours été célèbre par la force et la beauté de ses habitans. * Mais sais-tu pourquoi aucune des belles femmes de Crotone n'excite en nous aucun de ces sentimens qu'inspire le portrait de Téane ? Je te raconterai ce qu'a écrit Architas, dans son livre sur la *beauté humaine* :

* BARRIUS, CALABRIA, *in Croton*.

livre que notre Platon ne cesse pas de lire et d'admirer. 1)

« Le corps est un instrument. L'architecte est l'ame. Nous pouvons recevoir un léger plaisir de la vue d'instrumens ordinaires, quelque parfaits qu'on les désire. Cette lance qui demeure suspendue et inutile dans une salle, arrêtera un instant l'attention d'une femme et d'un enfant. Mettez-la dans les mains de Thersite, personne ne l'apercevra plus. Donnez-la à Achille, et vous verrez combien de plaintes, d'envie et d'admiration elle éveillera au dedans et au dehors des murs de Troye. C'est Achille que vous admirez et non pas sa lance. »

« Poètes, peintres, sculpteurs, et vous tous qui recherchez le beau, ne vous arrêtez pas à la lance : représentez Achille. Remontez au beau idéal ; pénétrez dans cette ame dont le corps n'est que l'instrument, et dépeignez cette vertu qui n'est autre chose que le droit, le

1) Architas écrivit un livre sous ce titre. La doctrine qui place toute la beauté humaine dans la vertu, se trouve développée par Platon, *sur Phèdre* : lisez aussi son *grand Hyppias* et son *Banquet*.

noble, le facile exercice des instrumens de l'ame. Il n'y a point de beauté sans vertu.»

« Voulez-vous la reconnaître cette vertu que les mortels semblent n'être pas dignes de contempler? On la voit percer à travers la physionomie, à travers l'œil, le sourcil, où plusieurs ont placé le siége de l'ame; 1) à travers les mouvemens, les gestes, les paroles. Vous ne voyez pas l'architecte; mais vous reconnaissez ses talens à l'usage qu'il fait de ses instrumens.»

« Voyez-vous le corps de ce jeune homme qui est à la fleur de son âge? Ne retrouvez-vous pas dans ses membres les plus élégantes proportions? Le frais coloris de ses joues ne surpasse-t-il pas le teint de cette rose dont se parent les Grâces? Mais il a des lèvres, et il ne parle point; des yeux, et il ne voit point; des oreilles, et il n'entend pas; des pieds, et il ne marche pas. Après l'avoir contemplé, vous demandez : *Où est donc son ame?* »

« Et cette vierge qui sort de son appartement en méditant la conquête du satrape de Lydie, qui l'a achetée : elle ne fait autre chose que

1) BAUKER dit que c'était un principe de Théophraste.

se contempler elle-même! Cette jeune esclave, dans sa parure, dans sa démarche, dans ses regards, qu'a-t-elle de commun avec Téane sortant du temple de Junon, et répétant toujours : *Le plus grand ornement d'une femme est la vertu et la pudeur?* 1) Vous voyez d'abord un architecte qui se confie plus dans ses instrumens que dans son art; il n'apprécie que la matière et le travail d'une lance, qu'ensuite il manie avec le bras d'une femme.

« Vous voyez tous ceux que la force impérieuse des passions rend esclaves du corps, être semblables à Iole accablée du poids des armes d'Hercule. Leurs mouvemens sont dérangés; ils n'ont pas d'agitation, mais des contorsions; leurs regards sont incertains et dépravés; leurs lèvres enflées, tremblantes et pâles; leurs couleurs ressemblent, dans leur circulation, aux vagues incertaines de la mer Ionienne : voilà ce que produit la colère, la volupté, une passion quelconque; elles montrent toujours le désir effréné de faire ce qu'on ne peut pas, l'impuissance de faire ce qu'on veut, enfin l'artisan esclave de son instrument. »

1) Je ne sais comment on trouve ces mêmes paroles dans la lettre de *Melissa à Cleareta*, GAL. *Opuscul. mythol.*

« Les impressions funestes si multipliées que ces viles affections laissent sur les formes de notre corps, le rendent semblable aux vieilles statues de pierre que nos ancêtres avaient placées dans les bois et sur le sommet des montagnes, et qui furent pendant un temps l'objet de leur culte; mais qui, aujourd'hui altérées par les pluies, par le vent, par les années, sont devenues un objet de dérision pour leurs descendans. » 1)

« Dans Jupiter, l'ordre par lequel il ébranle la terre, le ciel, la mer et tous les élémens, n'est qu'un léger mouvement de son sourcil éternel. Apollon a détendu déjà son arc infaillible; son bras tombe sur son côté, non parce qu'il a besoin de repos, mais parce que son entreprise est achevée. Tu vois la victoire du Dieu et non pas sa lassitude. La terre fume du sang de Python : sur les lèvres du Dieu tu reconnais encore le dédain ; mais c'est le dédain du tout-puissant mêlé à son sourire. La Junon de Xeuxis est belle; mais tu aperçois bien qu'elle

1) Le principe fondamental de la science *de la physionomie* des Anciens n'était autre chose que cela. *Voyez* Aristote, *Physiognom.* Les modernes n'y ont rien ajouté.

croit posséder quelque chose de plus que la beauté. A son maintien, tu reconnais la femme de Jupiter et la reine des immortels. »

« Dans les formes des Dieux la beauté est éternelle, parce que la vertu est éternelle aussi. Nos passions sont filles de notre intempérance, de nos désirs et de l'insuffisance de nos forces. Les Dieux ont une vie, mais ils n'ont pas de passions. » *

» Telles étaient nos ames lorsque, dégagées des entraves du corps, elles demeuraient avec les Dieux sur les limites du monde matériel : elles contemplaient la vérité, la vertu et la beauté dans l'être qui seul existe par lui-même, et qui ne peut être compris que par l'intelligence la plus pure. Les ames qui ne peuvent ou ne veulent pas suivre les Dieux immortels, perdent peu à peu leur légèreté naturelle, tombent dans les sphères inférieures ; et, passant de sphère en sphère, elles ne s'arrêtent point, jusqu'à ce qu'elles arrivent sur cette terre où la Déesse de la nécessité les oblige d'entrer dans les corps des êtres vivans. »

* Fragmens de *Pythagore dans* GALE.

» Là elles commencent à servir les corps qui leur ont été assignés. La force céleste de leur nature s'affaiblit et s'éteint presque à l'instant. L'homme, en naissant, n'a que le germe de l'intelligence; mais l'intelligence n'y est point encore. Après quelques années elle se relève, végète avec peine, et languit comme une plante transportée sur un terrain qui ne lui convient point, et qui ne peut s'élever au-dessus de la foule des plantes nuisibles qui, croissant autour d'elle, l'accablent et l'étouffent. Tu vois alors dans la pensée et dans le mouvement de l'homme les effets des deux natures différentes dont il est composé : dans la pensée, cette raison pure et céleste qui rappelle l'origine de l'ame, et ces affections basses et viles qui désignent sa nouvelle servitude; dans le mouvement, quelquefois ces élégantes proportions qui te rappellent l'ordre éternel par lequel la matière est destinée à servir à l'ame comme un char à son conducteur. Quelquefois, au contraire, tu vois le désordre, la confusion, les chevaux ombrageux, rétifs, indociles, fougueux, les rênes abandonnées, le cocher mal assuré sur le siége ou renversé par terre, étendu sur la poussière, foulé aux pieds de ses chevaux, écrasé par les roues de sa propre voiture.»

» Ce désordre, ce fracas horrible, est appelé par ces hommes qui n'ont que des sens, *fort*, *énergique*, *expressif*, parce que, dans le sommeil perpétuel de leur raison, ils ne peuvent éprouver d'autre sentiment de la vie que celui qui vient du mouvement et de la matière; sentiment qui n'ayant par lui-même ni l'ordre ni la raison qui sont uniquement le partage de l'ame, ne peut avoir que cette sorte de beauté étrangère et factice qui se mesure par la force.»

« Pour pouvoir imiter le vrai beau, il est nécessaire de le comprendre. Il nous est refusé de le voir dans l'ame d'autrui; il est nécessaire de le chercher dans la nôtre. Celui-là sait le connaître et l'imiter mieux que les autres, qui, avec l'amour de la vertu et avec l'étude du vrai, sait conserver et exciter en lui-même la plus grande partie de ces images qu'il a une fois contemplées dans l'essence du bien et de la vérité. Vois donc, ô jeune homme! quelle est sur cette terre la condition des hommes, et par quelle loi l'auteur de la nature a voulu régler les plaisirs des mortels. Non-seulement il n'y a point de vraie beauté là où il n'y a point de vertu ; mais encore le pouvoir de sentir et d'imiter la beauté est refusé à celui qui n'a point de vertu. »

« Nos ancêtres disaient que, parmi les ames, celles qui au moins une fois ont contemplé la vérité éternelle dans son essence, en tombant sur cette terre ne sont pas unies aux corps des bêtes, mais qu'elles entrent dans quelque corps humain et subissent neuf transformations différentes. Tant que ces ames conservent une partie de leurs idées, elles animent les corps des philosophes et des amis de la vertu. A leur seconde transformation, elles animent les corps des bons et des justes, des braves et généreux chefs d'armées, des sages gouvernans des états. A la troisième, elles forment des magistrats intègres, des administrateurs fidèles et nouveaux ; et se dégradant de plus en plus, elles sont obligées, à la neuvième transmigration, d'entrer dans le corps d'un tyran. Entre toutes ces transformations il s'écoule un espace de mille années. A peine séparée du corps qu'elle a animé, l'ame est conduite en présence d'un juge qui examine scrupuleusement toutes les actions de sa vie, et la destine à jouir pendant mille ans du prix de ses vertus, ou à subir la peine de ses crimes. Cette période dure dix mille années, après lesquelles les ames vont se réunir aux Dieux immortels : ou bien, si elles n'ont pas encore recouvré leur perfection première, elles recommencent une nouvelle carrière. »

» Et qui donnera des ailes et des forces pour revoler à leur ancienne demeure, à ces ames qui animent le plus grand nombre des hommes vivans, qui depuis tant de milliers de siècles ne connaissent plus l'éternelle essence du bien et de la vérité, et qui sont dans la torpeur et l'abrutissement? Le grand architecte de toutes choses a donné aux sages un art pour y parvenir, non pas cet art qui ne prend soin que de l'utile et semble né l'esclave de la gourmandise et des sens grossiers; mais cet art qui, imitant le beau, ne sert pas au soutien et à la conservation du corps, mais à l'encouragement et à la perfection de l'ame. C'est avec cet art que les sages réduisent à des formes sensibles les idées qu'ils conservent encore du vrai et du bon, afin qu'elles puissent servir au grand nombre des ames faibles et malades, comme d'échelons pour remonter à la vérité éternelle. De même que pour faire apprendre les arts mécaniques nous avons coutume de conduire les jeunes gens chez quelque excellent artiste, afin qu'avant d'en apprendre les principes ils s'accoutument à en voir la pratique et se disposent à trouver plus facile l'exercice des principes: ainsi ces sages amateurs et imitateurs du beau te le montrent existant, afin que tu puisses l'imiter plus facilement; car les préceptes sans l'exemple peuvent très-peu sur notre ame. C'est en vain que tu enseigneras l'art de l'équitation à celui qui n'a jamais vu de cheval. Mais si tu vois Achille ou un autre guerrier manier avec force et assurance un coursier vigoureux, tu éprouveras un sentiment intérieur, involontaire, irrésistible, qui te portera à disposer tes membres, tes muscles, tout ton être, sur le modèle du cavalier qui frappe ta vue; et si ce spectacle se répète à la troisième, à la quatrième fois, tu désireras un cheval, tu oseras le monter et parcourir la carrière : alors les préceptes de Chiron te seront utiles. Ainsi, les poètes, les peintres, les sculpteurs, avec l'harmonie poétique, avec des couleurs et avec des formes, représentent les Dieux et les héros; tantôt se servant de leur pouvoir avec cette majesté qui n'est autre chose que la modération; tantôt opposant aux rigueurs de la fortune et à l'injustice des hommes la force de leur ame; exerçant tantôt telle vertu, tantôt telle autre. Nous agissons d'abord par un mécanisme intérieur de notre corps; ensuite, par l'effet de l'habitude, nous composons d'après ces modèles nos mouvemens, nos paroles, nos sentimens; et nous devenons peu à peu plus civilisés, plus humains, plus vertueux, plus dignes de comprendre les grandes vérités de la sagesse et de la morale. »

CHAPITRE XX.

DISCOURS DE CLINIAS SUR LA MÉTEMPSYCOSE.

« Le bon Socrate transportait chez les Athéniens les vérités de notre philosophie, et les revêtait des couleurs qui pouvaient les rendre plus aimables à ses nouveaux disciples. Il disait que nos ames, avant d'animer nos corps, habitaient avec les Dieux immortels, parce que véritablement elles sont autant de dieux. Sous le nom de Dieux immortels nous n'entendons que les ames qui sont la vie et l'essence de tout. * Il disait qu'elles habitaient sur les frontières du monde sensible et intellectuel, parce qu'au monde sensible appartient tout ce qui est créé, et au monde intellectuel tout ce qu'on ne peut saisir que par le secours de la raison. Il disait que la nature des ames était

* Vico, *de antiq. Ital. Sap.*

toute entière dans la connaissance de la vérité, et que ce que nous appelons vie n'était pas leur état naturel, mais une pénible servitude à laquelle elles sont condamnées par l'ordre des choses, qu'il appelait la Déesse de la nécessité. »

C'est ainsi que me répondit Clinias, à qui je parlai de ce qu'Architas avait écrit sur le beau, lui disant que Socrate aussi avait exposé à Athènes une semblable doctrine. Ensuite il continua son discours en ces termes :

« Notre Philolaüs a écrit aussi un livre sur la nature de l'ame ; quelques-uns le trouvent obscur et presque inintelligible, comme trop rempli de mathématiques. * Mais personne n'a démontré avec plus d'évidence la nature immortelle de cette partie de nous-mêmes qui est destinée à connaître la vérité. Socrate, en présence de ses juges, au milieu de ses disciples et sur le point de boire la ciguë, avait coutume de n'appeler que Philolaüs en témoignage de cette sublime et consolante doctrine. » **

* Cl. Mammert., *de Ital. Antiquit.*

** Platon, *in Phaedon.*

« Vous conviendrez avec moi, disait Clinias, que Pythagore a rendu le plus grand service qu'on puisse rendre à l'humanité, en enseignant le dogme de l'immortalité de l'ame, sans laquelle il n'y a ni morale ni religion. »

Mais, lui dis-je, tu ne pourras pas nier qu'il l'a cependant rempli d'extravagances. Se rappeler qu'il avait été en Élide, fils de Mercure, ensuite Euphorbe, blessé par Ménélaüs, ensuite Ermotime, ensuite Pyrrhus, pêcheur de Délos; enfin Pythagore!.... cela ne s'appelle pas démontrer l'immortalité de l'ame, mais la rendre ridicule. *

« Voilà la censure ordinaire, reprit Clinias: Pythagore avait à parler aux sages et au vulgaire. Il parla, en effet, à la raison des philosophes et à l'imagination du peuple. Mais en parlant au vulgaire il eut l'adresse de dire que sa mémoire était un don de son premier père Mercure. Ainsi quand le peuple lui demandait: *Et nous, pourquoi ne nous en rappelons-nous pas?* Pythagore, sans se contredire, répondait: *Parce que vous n'êtes pas enfans des Dieux.*

* *Voyez* tous ces faits dans Bruker, Bayle, etc., etc.

Quand les sages lui faisaient le même reproche, il répondait : *Eh ! ne voyez-vous pas que je commence par me dire moi-même enfant de Mercure ? Vous paraît-il que je puisse le croire ? Mais cette espèce d'hommes aime le merveilleux ; et la fable est nécessaire pour faire croire la vérité.* »

« Celui qui ne voudra dire que la vérité se fera lapider. Pour opérer une réforme, il est nécessaire de donner à ce qu'on dit un fonds de vérité, mais revêtu de l'apparence des erreurs : et ces erreurs doivent être celles du peuple afin que le peuple les croie ; et non pas les tiennes, afin que vis-à-vis des sages tu puisses conserver toujours la renommée de sage. Si ces erreurs sont celles du peuple, les sages croiront que tu te sers de l'erreur, et non que tu en es l'esclave. »

Cependant Pythagore disait un jour, reprit Spintarus, qu'il avait été dans l'enfer, et qu'il y avait vu les ames d'Homère et d'Hésiode suspendues à des arbres, exposées aux vents, à la pluie, à la chaleur, à la gelée ; et cela pour avoir publié tant de choses indignes de la nature des Dieux. Il disait aussi avoir été témoin des douleurs de ces époux qui, pendant leur vie, avaient donné à leurs femmes sujet de se plaindre de leur conduite. Or comment peut-il y avoir un enfer si les ames sont dans un mouvement perpétuel? N'êtes-vous pas les mêmes qui criez au vulgaire : O insensés, que la crainte de la froide mort épouvante! qu'est-ce que le Styx et les ténèbres? Quels vains noms craignez-vous? Ils sont tous inventés par les poètes pour effrayer le crédule vulgaire. *

» Lorsque Pythagore dit cela, répondit Clinias, il ne voulait certainement pas démontrer une vérité, mais détruire des erreurs; il en détruisait autant qu'il était nécessaire et de la manière la plus convenable. Persuadez au peuple qu'un Dieu ne ressemble point aux images qu'en ont données Homère et Hésiode; et le peuple ne croira plus au Tartare des poètes. Dites au peuple : Le Tartare n'est pas tel qu'Homère l'a décrit; le peuple vous répond : Qu'est-ce donc? Dans notre esprit on ne peut pas détruire une idée, comme fausse, si dans le même moment on n'y substitue point une idée que

* Ovide, *Métamorph.*

nous regardions comme vraie. Que direz-vous au peuple? Vous devez lui dire que notre ame ne peut être punie par les peines corporelles; que les supplices imaginés par les poètes pour être infligés dans le Tartare, sont indignes de la toute-puissance de celui qui produit d'un seul signe la joie et le chagrin partout où il lui plaît; que les Dieux..... Et que n'aurait-il pas dû dire ce réformateur, et de quel temps n'aurait-il pas eu besoin pour persuader le peuple? Cependant il aurait achevé sa journée; et l'on n'aurait pu regarder aucun de ses ouvrages comme parfait, tant qu'il y aurait eu encore quelque chose à y ajouter.

Le philosophe peut impunément procéder avec méthode et commencer par des principes: le temps est en son pouvoir; les hommes restent où il les laisse. Mais si un réformateur n'enseigne pas bien vite ce que l'on doit faire, les hommes, qui peuvent ne pas penser, mais qui agissent toujours, continueront d'agir, et ne pouvant le faire selon ses principes, ils agiront contre et les détruiront. Il n'y a point de réformateur moins philosophe que celui qui veut être trop philosophe. Son devoir est d'accélérer toujours les conséquences d'où dépendent les actions. Le peuple remontera avec le temps aux principes.

« Pythagore s'est présenté au peuple et lui a dit : Je vous jure qu'Homère et Hésiode sont dans le Tartare, en punition de ce qu'ils en ont imposé sur la nature des Dieux immortels. Le peuple croyait déjà à l'existence de Dieu ; il croyait déjà à l'existence d'un Tartare : que Pythagore lui disait-il donc de nouveau ? que parmi tant de milliers d'hommes que le peuple croyait dans l'enfer, Homère et Hésiode y étaient aussi. Que pouvez-vous inspirer de plus simple et de plus vraisemblable? Le peuple adopta facilement ces faits, et quelque temps après il commença à douter de l'existence des Dieux d'Homère. Il interrogea d'autres savans, et se forgea de nouveaux Dieux et un nouveau Tartare. La dialectique la plus subtile ne pouvait pas trouver de route plus facile et plus agréable pour enseigner une vérité aussi grande et aussi commune. Vous avez pu observer très-souvent des philosophes ou des orateurs employer dans leurs disputes cet art de vous persuader par les idées que vous croyez les plus vraies ; vous présenter aussi peu de nouveautés qu'il était possible; ensuite faire naître quelque contradiction dans vos idées même; et pendant qu'ils semblaient les vouloir confirmer, vous conduire sans vous en faire apercevoir à les détruire vous-même. Mais tout l'art employé par un dialecticien ordinaire peut être aperçu, parce qu'il est exercé par un petit nombre d'hommes, dans des bornes étroites et dans un espace de temps très-court. Le réformateur des cités est le dialecticien de plusieurs nations et de plusieurs siècles. Son art est le même; mais les moyens qu'il a employés se perdent dans le cours des siècles : l'homme ordinaire n'en sait pas discerner la ressemblance. De là vient que la dialectique particulière, bornée à des préceptes oiseux, se trouve dans l'impuissance de tenter des entreprises plus grandes et plus difficiles, et que la dialectique publique demeure sans préceptes. Celle-là ennuie les hommes, et celle-ci ne réforme plus les cités. »

Spintarus. — Je regarde pourtant comme plus adroit Pindare, qui était aussi Pythagoricien, et qui voulant réunir l'idée philosophique de la métempsycose à l'idée populaire du Tartare et de l'Elysée, dit que les ames, après avoir fait trois fois le tour d'un corps dans un autre, allaient enfin dans un lieu où elles recevaient les peines dues à leurs crimes, ou les récompenses réservées à leurs vertus.

Clinias. — « Voilà comme sont toujours les hommes! Pourvu qu'ils évitent la contradiction des sens, ils se mettent peu en peine de la contradiction de la raison. S'il y a une métempsycose, il n'y a ni Tartare ni Élysée. Si vous voulez croire à l'Élysée et au Tartare, pourquoi faites-vous faire aux ames trois fois un tour inutile? il vaut mieux les faire passer directement dans le lieu des récompenses et des peines. Mais le carquois de Pindare était rempli de flèches rapides et légères. Le bruit qu'elles font est entendu par un petit nombre de savans; il évite les oreilles du vulgaire, qui a besoin d'un interprète pour entendre. »

« N'attribuons point aux Dieux des choses indignes d'eux, disait encore Pindare. * Pythagore, dont le premier et peut-être l'unique but était d'établir la morale, ne voulait certaine-

* PINDARE, *Olympiade*, 1, 2.

ment pas détruire l'immortalité, de l'ame ni cet ordre de choses qui seul peut défendre les bons contre les argumens que les exemples, trop fréquens, des méchans fortunés font naître dans les esprits faibles. Mais Pythagore voulait une vie digne de l'ame, des récompenses et des peines dignes de la Divinité. De la fumée, des flammes, des chaînes, un vautour, le tonneau des Danaïdes, ont dû faire rire ceux qui voyaient que tous ces objets n'ont de force que sur les sens, qui alors n'existent plus. L'ame séparée du corps ne jouit plus que de la contemplation de la vérité: celle-ci doit donc former toute sa récompense et sa peine. »

« Quel est dont l'œil mortel qui peut pénétrer jusqu'aux secrets profonds de la Providence? Mais si nous tournons nos regards sur nous-mêmes, nous comprendrons, par notre propre nature, quelle est la fin à laquelle nous sommes destinés. Nous verrons tous les biens, tous les maux, tous les plaisirs et toutes les douleurs, n'être tels que lorsque l'ame les sent. Nous verrons disparaître dans le sommeil, quand l'ame cesse de les sentir, ces sensations, qui en partie sont devenues plus difficiles à supporter, par nos craintes, par nos espérances, par notre prévoyance, enfin par nos idées. Otez les sensations ou changez-les; vous surmontez une partie des maux, et un plus grand nombre s'évanouit : vous verrez les femmes les plus faibles conserver un grand courage au milieu des plus forts tourmens; la mort même sera très-désirée. Où donc la vie a-t-elle son siége et sa demeure, si ce n'est dans notre ame? Observez encore, je vous prie, ô jeunes gens, les lois par lesquelles la Providence dispense, même dans cette vie, les maux et les biens; et vous verrez que les premiers sont rendus plus pesans ou plus légers, que les seconds diminuent ou se multiplient, par les mêmes dispositions qui sont nécessaires pour rendre l'homme vertueux. L'homme tempérant et juste évite une grande partie de ces maux : l'homme prudent et fort surmonte beaucoup de dangers, acquiert un grand nombre de biens ou les rend plus durables. L'homme insensé, injuste, intempérant, vil, pourra être quelquefois fortuné, mais il ne sera jamais heureux. Le bonheur est donné à l'ame : il est le compagnon de la vertu. Quand l'ame sera séparée du corps et dégagée de toutes les affections produites par ces mouvemens désordonnés qui agitent la matière et que nous avons coutume d'appeler *fortune* ; ô jeunes gens ! vous ne savez point en quel état reste la vie, ni à quel nouvel ordre de choses elle est réservée. Mais adorez les desseins de la sagesse infinie : vous en voyez déjà le but et les moyens. »

Tu commences, ô sage Clinias, lui dis-je alors, à croire comme vrai ce qui est au moins douteux. Tu donnes comme une vérité que, lors de la dissolution de notre enveloppe mortelle, il reste ce principe pensant qui forme le *moi*. Soit que l'ame ressemble à la matière qui est assujétie à mes sens, soit qu'elle en diffère (il est impossible et peu important de le savoir en ce moment) ; tu crois toujours qu'elle n'est qu'une partie de moi, celle qui pense, et que, même décomposée, elle conserve encore l'instrument dont les actions forment la vie, la faculté de penser. Cependant le bras d'un homme mort ne se meut plus, son mouvement n'étant pas dans le bras, mais dans toute la machine. Or quand celle-ci ne sera plus ; quand le bras aura perdu son mouvement, la langue son goût, l'œil la faculté de voir, crois-tu que l'ame séparée de toutes les autres parties conservera la faculté de penser ? Tu dis, à la vérité, que rien ne meurt dans le monde, que ce qui à nos yeux est une destruction n'est pour la nature qu'une production nouvelle. Mais, dis-moi, les particules qui composent mon bras, lorsqu'elles vont composer un autre être, conservent-elles les forces et les fonctions du bras ? Comment se fera-t-il que ton ame reste toujours ame ?

« Tout change dans le monde, répondit Clinias : mais, en changeant, tout conserve sa nature intrinsèque. S'il n'en était pas ainsi, tout mourrait. Les parties de mon bras sont destinées à se mouvoir : unissez-les à un autre être quelconque, elles se mouveront toujours. Mon ame est destinée à penser : unissez-la, séparez-la ; elle pensera toujours. Et comme tu ne peux nier que cette perpétuelle circulation qu'on observe dans toutes les choses sensibles pendant que leurs formes changent, n'ôte rien à leur nature, qui consiste dans le mouvement : de même la circulation des ames, pendant qu'elle altère leur manière d'exister, n'éteint jamais leur faculté de penser. »

« Une intelligence est nécessaire pour tout l'univers ; une intelligence est nécessaire dans chaque être vivant, parce que chacun de ces êtres a une fin, des moyens, des rapports, un ordre et des lois. Cette intelligence ne peut être qu'une : si elles étaient deux, il y aurait deux fins, deux ordres, deux lois, deux manières d'êtres, deux univers. Si cette ame était une partie de moi, semblable à mon bras, dans lequel je distingue les différentes parties et où j'assigne à chacune sa propre fonction, on pourrait vous demander : Parmi ces parties, quelle est celle qui commande ? Vous n'en trouveriez certainement pas. Que si même on voulait imaginer un commandement qui résultât de l'accord de plusieurs volontés, comme il arrive dans nos assemblées, vous devriez alors imaginer que chaque partie a une intelligence qui lui est propre. Chaque partie devrait vouloir ; chaque partie devrait sentir. Aperçois-tu qu'en toi-même il y a plusieurs êtres qui sentent ? Que ta main touche les diverses faces d'une pyramide : si chaque doigt sentait par lui-même, si la main était l'être pensant, et non pas son instrument ; chaque partie de ta main devrait sentir toute la pyramide, ou seulement la partie qu'elle touche immédiatement. Dans le premier cas, tu sentirais autant de pyramides que tu as de doigts; dans le second, tu ne sentirais jamais la pyramide toute entière. Or tu n'éprouves ni l'un ni l'autre. »

« Je le répète : le principe qui pense en toi est un; l'ame qui constitue ton être, est unique, et non pas divisible en plusieurs parties. Elle pense, elle pensera toujours. »

Mais, sans le secours des sens, répondis-je, je n'entends pas la pensée! Il n'y a rien dans mon intelligence qui n'ait passé auparavant par mes sens.

« Tu confonds, me répliqua-t-il, ce qui est avec ce qui peut être. Nos ames, renfermées dans une prison, sont obligées de voir à travers un petit trou, par lequel il n'y a qu'un seul passage pour la lumière. Tu dis maintenant : *Si ce trou n'existait pas, je ne pourrais point voir;* et tant que tu es dans cette espèce de prison, cela est vrai. Nulle image de quelque objet que ce soit ne peut arriver à ton œil, avant d'avoir passé par le trou. Mais ne confonds point l'instrument dont se sert l'ame avec l'ame elle-même. Si tu voulais soutenir que, même hors de la prison, ton œil ne peut pas voir sans un trou, tu soutiendrais une erreur. »

« Qui sait quel peut avoir été l'état naturel de nos ames ? Qui sait si ce que nous appelons vie n'est pas en réalité, non un état de mort, qui n'existe pas dans la nature, mais un état de sommeil, dont tous les êtres ont besoin. De même que, dans le sommeil ordinaire, nous voyons toutes nos facultés devenir moins actives, les sens s'assoupir, l'ame perdre jusqu'à la connaissance d'elle-même en perdant le souvenir de ce qu'elle était ; ne peut-il pas arriver aussi qu'une ame venant animer un corps, perde la mémoire de ce qu'elle était auparavant, et ne la recouvre que lorsque, réveillée, elle est rendue de nouveau à elle-même ? ainsi, après notre sommeil, nous nous rappelons d'avoir été auparavant les mêmes individus que nous sommes encore. Tournez vos regards sur l'univers ; vous y verrez une foule d'êtres sujets à de nombreuses transformations : cet insecte même qui au commencement du printemps cause tant de ravages dans nos campagnes de la Messapie, n'est pas encore le ver dégoûtant qu'il nous paraîtra pendant quelque temps, mais qui, après avoir déposé sa dépouille, deviendra un papillon très-brillant. L'intelligence éternelle qui a produit un aussi grand nombre de merveilles pour les plus vils insectes, les aurait-il économisées dans le chef-d'œuvre de sa création ? »

« Il y a peu de temps que tu disais à Cléobule qu'on ne pouvait jamais savoir quelle est la partie de l'être pensant qui est différente de cette matière sensible qui l'environne. Maintenant je te demande si tu crois qu'elle puisse être semblable. Rien de ce qui est divisible ne peut jouir de la pensée; rien de ce qui est étendu, rien de ce qui est épais ou dilaté, humide ou sec, ne peut penser : dans tout ce que tu vois exister sur la terre, il n'y a rien qui puisse avoir la nature de l'ame. * »

Tu douteras encore, et tu diras de nouveau : Ce ne sont là que nos sensations. Toi-même, ô Clinias, tu m'as dit ne pouvoir en démontrer l'existence; mais qui peut dire si dans les êtres qui existent réellement, outre la vertu qui pro-

* Cicéron, Q. *Tuc. I.*

duit en nous de telles sensations, il n'y en a pas encore une autre dont dépend la pensée? Je te réponds que si tu ôtes ces sensations, tous les doutes s'évanouissent. En effet, que restera-t-il alors de ces sensations que tu attribues à la matière? un être que tu ne sauras dire être tel ou tel, parce que tu en ignores toutes les propriétés : or en soutenant que l'ame n'est pas différente de la matière, tu ne dis rien autre sinon : *Je crois que l'ame est semblable à un être que je ne connais pas*..... Semblable à ce que tu ne connais pas! Ne te semble-t-il point, ô Cléobule, que ton déraisonnement doit exciter le rire des sots et la compassion des sages? Après avoir long-temps balbutié des paroles inintelligibles, lorsqu'il eût été plus prudent de te taire et plus glorieux d'avouer ta propre ignorance, tu seras obligé de dire que cet être que tu ignores a une vertu d'où viennent et la pensée et les sensations que tu attribues à la matière : et alors quelles vérités auras-tu dites? Tu auras démontré qu'il n'existe autre chose que l'ame, puisqu'il suffit de la seule faculté de penser pour produire toutes les autres sensations. »

« Observe le langage du vulgaire, ô Cléobule! Il est souvent le premier et le meilleur maître de philosophie. N'as-tu jamais entendu confondre *le nécessaire et le vrai*? * Tous les hommes le confondent également; et toi-même aussi, Cléobule, tu les confonds sans t'en apercevoir et presque par un sens intime qui a précédé l'usage de ta raison. C'est ce qui te démontre que notre ame n'admet que deux espèces de vérités : ou celle qui peut être confirmée par les sens, et alors le *vrai* se confond avec le *fait*; ou celle qui peut être confirmée par la seule raison, et alors tu ne peux réputer *vrai* que ce qui est *nécessaire* et inévitable. Or la seule existence de l'ame est nécessaire. »

» Une ame est nécessaire par-tout où il y a une vie. Nos anciens disaient que tous les êtres étaient animés par autant d'ames, dont chacune appartenait à divers ordres, tantôt inférieures, tantôt supérieures, en proportion de la plus petite ou de la plus grande étendue d'intelligence accordée par cette ame unique qui

* Vico, *de A. I. S.*

les avait toutes créées et qui les contenait toutes. Il y avait des ames auxquelles avaient été confiés la vie et le gouvernement des cieux et des planètes, esprits sublimes qu'ils appelaient *démons*, comme réglant le monde avec le plus grand des Dieux. Il y avait, un peu au-dessous de cette classe d'êtres, les ames des héros, comme mitoyennes entre la classe des hommes dont la vie était destinée à animer les corps, et la classe des *démons* supérieurs, dont ils s'approchaient par leur vertu. Ces deux ordres d'esprits ou d'ames étaient regardées par nos ancêtres comme dignes de respect et d'imitation, par la supériorité de leur nature et par reconnaissance pour les bienfaits qu'ils ont rendus à l'espèce humaine. Mais les insensés ont ajouté à ces vérités un grand nombre d'erreurs, d'abord en créant dans leur imagination les démons et les mauvais génies; comme s'il était possible aux ames de s'écarter de ces lois qui constituent leur propre nature! ensuite en donnant à ces ames des corps, tantôt en imaginant entre elles et les hommes d'autres communications que celles de la sagesse et de la vertu. De là sont nés tous les enchantemens et les folles divinations qui déshonorent la raison et corrompent le cœur des peuples. » *

» Tant que nous demeurerons renfermés dans cette enveloppe matérielle, nous ne saurons jamais ce que les Dieux ont eu l'intention de faire de nous dans l'ordre de choses qui viendra après notre mort. Le vulgaire veut connaître un mode d'existence après la mort ; il faut satisfaire le vulgaire : mais malheur au sage si, en trouvant fausse cette manière d'exister, il veut juger également fausse la vérité qu'on explique par cette méthode ! Dieu a livré le monde aux disputes des hommes, et cette diversité de sentimens, loin de détruire la vérité, la confirme, parce que les disputes font connaître qu'il est possible qu'elle existe de plusieurs manières différentes. Qu'importe que le vulgaire croie au Tartare et à l'Élysée d'une manière ou d'une autre ? le sage se retire en lui-même. Il reconnaît que notre ame est une par celle infiniment petite de la Divinité, et que nous ne mourons point. Il voit dans cette maxime la base de la morale humaine, et il tâche de l'établir et de la pro-

* Sur tout ce qu'on vient de dire, voyez les preuves dans l'*Appendice I*.

pager, non pas par des mystères limités aux habitans d'une seule ville, comme vous avez fait vous autres Athéniens; non pas par des histoires que chacun peut croire ou ne pas croire; mais par des moyens de persuasion tirés de la nature intrinsèque des ames de tous les humains, et auxquels on ne puisse opposer que l'incrédulité. Voilà le premier devoir du sage; le second est de compâtir à la faiblesse du vulgaire, qui cherche toujours des choses sensibles: et quelquefois les philosophes, pour établir la vérité, s'attachent à suivre le goût du vulgaire.

CHAPITRE XXI.

DISCOURS DE CLINIAS SUR LES LOIS.

»Rappelle-toi, ô Cléobule, ce que nous disions hier pour démontrer l'existence d'une ame en nous-mêmes; la nécessité d'une fin et d'une loi communes à cette suite de nos actions auxquelles nous donnons le nom de vie. Maintenant tourne tes regards au-dehors de toi, et observe tout ce qui t'environne : tu verras la nécessité d'un but unique, de la même loi commune à tous les êtres qui composent l'univers. En effet, ôte à l'homme ce but et cette loi ; divise toutes les parties qui composent la machine humaine : fais en sorte que pendant que le bras se meut, les pieds et les yeux l'ignorent ; pendant que le pied marche, que les yeux et les bras ne sentent rien : étouffe, si tu le peux, cette sensation intérieure par laquelle tu t'aperçois que ton bras, ton pied et tes yeux dépendent tous d'une autre partie de toi-même, qui sent, qui entend, qui veut. Alors tu n'auras plus parmi les autres parties ni concert ni harmonie ; les diverses parties de la machine te resteront bien, mais elle-même n'existera plus. Tu pourras dire : Il existe un bras, il existe deux pieds, deux yeux; mais où sera l'homme? De même, si tu ôtes cette loi universelle, tu pourras avoir le soleil, la lune, la terre, l'air, le feu; mais, au lieu d'avoir le monde, tu auras toujours le chaos. »

« Partout où tu voudras voir accord, harmonie, unité et vie, il est nécessaire d'y mettre un but et une loi. Voilà plusieurs morceaux de bois, tous différens, tous séparés. Architas les réunit, leur donne un but commun, les assujétit à ces lois qui ne sont autre chose que les rapports entre les moyens et le but; et il en forme une *colombe* à qui il a donné une espèce de vie. Par cette colombe ingénieusement fabriquée, tuconcevras quelle est l'intelligence d'Architas; et par Architas tu pourras conjecturer quelle est l'intelligence de l'être qui a produit Architas et la colombe. »

» Ainsi dans le monde une vie dépend d'une

autre vie; un but est compris dans un autre but; une loi est renfermée dans une autre loi. Le soleil, la lune, la terre et toutes les autres planètes, ont leurs propres lois, leur but, et leur vie qui leur est particulière; mais leurs lois, leur but et leur vie sont compris dans une loi plus vaste, qui règle tout notre système planétaire : cette loi ne sera encore qu'une très-petite partie d'une autre loi dont dépendent beaucoup d'autres systèmes, et qui ne sera pas même encore la loi unique, universelle, dont toutes les autres dépendent. D'un autre côté, lorsque tu voudras descendre des lois générales de notre globe terrestre, tu trouveras des lois particulières pour les plantes, pour les pierres, pour les métaux, pour les hommes; et descendant encore plus bas, chaque homme, chaque plante, chaque pierre, et le plus vil des insectes, auront leurs propres lois. Tu trouveras une échelle de lois qui du plus petit des êtres arrive jusqu'au plus grand de tous; et ces lois diverses auront des rapports entre elles, parce que toutes sont contenues dans une loi générale, qui serait en contradiction avec elle-même si toutes ses parties n'étaient point concordantes. »

« Vois-tu le nombre presque infini d'hommes vivant sur la surface de la terre ? Chacun d'eux a en lui-même une vie propre. Mais parmi les lois de cette vie il y en a une par laquelle un instinct irrésistible le pousse à s'unir avec ses semblables. Voilà donc l'origine des familles, et ensuite celle des cités. Tu ne donneras pas ce nom à chaque réunion, comme tu n'appelleras pas la colombe d'Architas chacun des morceaux dont il la compose, mais qu'il n'a point encore réunis et coordonnés. Les hommes y seront bien, mais la cité n'y sera point encore. Il est nécessaire de donner à ces hommes un but commun, une loi et une ame, afin qu'ils puissent devenir un seul être et acquérir une vie. Mais lorsque tu voudras former la cité, tu te rappelleras que le but que tu te proposes est subordonné à d'autres objets, et que les lois que tu voudras faire ne doivent pas être contraires aux lois qui régissent toutes les autres choses, afin que la société que tu auras formée ne soit pas abandonnée par les hommes, ou détournée par le choc impétueux des causes contraires. »

» Tu regardes nos philosophes comme les premiers parmi ceux qui, dans une condition particulière, se sont occupés de la nature des meilleures lois et de l'ordre civil le plus parfait; tu trouveras de plus anciens législateurs, mais non pas de plus anciens écrivains sur la législation. Les exemples existaient; mais elle nous appartient, la gloire d'avoir été les premiers à en établir les préceptes. * Je ne nierai pas que cette science nous coûte bien cher, puisque les premiers motifs de la cultiver sont nés de ces funestes révolutions politiques qui ont agité et bouleversé nos cités. Alors, vous autres Grecs, vous viviez en paix; et une fois que les cruelles dissensions civiles furent appaisées, que les funestes successeurs d'Atrée et de Thyeste furent détruits, vous n'eûtes pendant long-temps d'autre idée des troubles politiques que celle que vous présentaient sur la scène vos poètes tragiques. Il y a quelque temps que ces événemens ont passé de la scène au tribunal et au Forum; et, n'en doutez pas, vous aurez aussi un grand nombre de sages qui tourneront leurs soins et leurs études vers les matières des lois civiles: l'homme sait ordinaire-

* Voyez l'*Appendice I.*

ment ce que son siècle lui permet et lui impose de savoir. »

» Au milieu de ces grandes commotions politiques, on découvre les véritables lois de la société, parce qu'on voit par l'expérience les erreurs de ceux qui avaient cru pouvoir, en régularisant les cités, substituer leur ambition particulière au but général de la nature. Pendant quelque temps ils ne s'aperçurent pas de leur erreur; le peuple ne s'en aperçut point non plus : insensé qu'il était! il concourut avec eux à élever un édifice peu solide. Mais l'ordre contraire des choses en sapait sourdement les bases : semblable aux vagues de la mer, qui, minant le pied d'une immense montagne, la réduisent un jour à s'écrouler; ses habitans ne s'aperçoivent de l'éternelle puissance des vagues, que lorsqu'ils sont réveillés par le fracas de la montagne qui les engloutit. »

« Chaque législateur des cités a choisi, parmi les objets que la cité se propose, ceux qui lui ont paru les plus utiles et les plus glorieux. Celui qui aimait la guerre, a dit : Je fonderai une ville de guerriers; mon nom sera dans toutes les cités le nom des événemens mémorables. L'audace et les premiers succès rendirent ce peuple injuste au dehors, insolent au dedans. Ici, des tumultes et des insurrections; là, des haines, des guerres éternelles; l'épuisement, la fatigue, au sein des plus glorieuses victoires; partout la corruption, le désordre, la faiblesse : et le nom du fondateur a péri en même temps que la cité. Un autre a dit : La ville que je fonde sera la souveraine des mers; les richesses de toutes les autres villes s'accumuleront bientôt dans mes ports. Mais le commerce établi avec tant de peuples différens a déjà corrompu les mœurs et augmenté les besoins. Les richesses entassées en peu de temps ont engendré l'amour de l'oisiveté : les besoins augmentant pendant que l'industrie diminuait, ont produit des vices, et la cité a misérablement péri. Un troisième a dit : Je fonde une ville pour moi; je veux dominer : pourvu que je retienne l'empire, que m'importe que les citoyens soient faibles, avilis, privés de toutes connaissances et d'idées libérales? elles pourraient même être funestes à mon pouvoir? Les peuples voisins ont subjugué facilement un troupeau de vils esclaves; et le gouvernement et son chef ont disparu comme ces petites maisons en sable que font les enfans sur le rivage de la mer, et à qui ils donnent des noms pompeux de temples ou de châteaux. »

« Qui pourrait, ô Cléobule, te raconter toutes les folies de ces hommes qui substituent leurs petites pensées aux desseins éternels de la nature? Mais quand la montagne s'écroule, toutes ces folies et tous ces faux discours avec lesquels ces peuples s'étaient défendus et qu'ils avaient tant applaudis, s'évanouissent comme un songe, comme une ombre; et l'on voit que ni le plaisir d'un seul, ni la destruction réciproque, inséparable de la guerre, ni l'oisiveté, ni les jouissances que donnent les richesses, ni tout ce qui paraît très-grand à nos passions particulières, ne peuvent être le but d'une cité bien ordonnée et durable. Alors le sage s'élance hors de la sphère étroite des passions et des opinions humaines; et il recherche le but de la cité et l'esprit des lois dans l'ordre éternel de toutes choses. »

« Quel sera donc le vrai but auquel doit

tendre tout fondateur de cités? Celui de *diriger les hommes par une loi commune.* 1) Mais l'on ne peut entendre *par loi commune qu'égalité et justice.* »

« Établissons donc, ô Cléobule, si cela te paraît ainsi, la justice pour but de toute société bien ordonnée et pour base de toutes les lois. La justice seule peut former l'union et l'amitié parmi les citoyens, ainsi que cette force qui doit en résulter. La justice peut seule nous donner la sûreté et la paix avec nos voisins. Sans justice, il n'y a point d'union, parce que ceux qui nous servent, loin d'être unis avec nous, loin d'être nos amis, sont, au contraire, nos ennemis implacables : et ils sont d'autant plus à craindre qu'ils sont plus opprimés, parce qu'alors ils cachent des desseins de vengeance, et attendent, pour mieux nuire, les occasions qui nous rendent plus faibles ou plus exigeans; occasions que l'ambition même de dominer rend plus fréquentes. Maintenant, crois-tu qu'il puisse y avoir de la justice dans les lois de cette

1) On trouve ces mêmes paroles dans la *République* de Platon. Le discours de Clinias ressemble au discours que Platon met dans la bouche du philosophe d'Élée.

cité où il est permis à une partie des citoyens de vivre dans l'oisiveté et dans les plaisirs aux dépens de l'autre? — A une partie aux dépens de l'autre? — Oui, puisque, quel que soit le frein que tu veux mettre aux désirs immodérés d'autrui ; il est inévitable, ou que les lois vaincront les mœurs dépravées, ou que celles-ci vaincront celles-là, ou qu'une partie de la cité périra misérablement. Le but des lois n'est donc pas seulement de prescrire ce que les hommes doivent faire, mais encore de les accoutumer à agir selon ce qui est ordonné. Quand on aura gravé les lois de la cité sur des tables de bronze, on ne pourra encore se vanter d'avoir rien fait, si l'on n'a gravé la vertu dans le cœur des citoyens. »

« *Les lois, les mœurs :* voilà les deux principaux objets de toute la science du gouvernement. Les premières doivent être déduites de la connaissance de l'ordre éternel de toutes choses, qui naturellement est toujours bon, toujours vrai, toujours le même. Mais ceux qui déduisent les lois, de la nature corrompue de nos peuples, sanctionnent les crimes au lieu de les prévenir; et au lieu de les appeler créateurs des lois, je les en appellerai les corrupteurs. S'il existe un ordre universel, c'est une folie de croire qu'il existe en vain : et s'il n'existe pas inutilement, il est raisonnable de penser que tout ce qui s'adapte à un tel ordre de choses est bien, et que tout ce qui s'en éloigne est mal. »

« La loi est toujours une, parce que la nature de l'intelligence est immuable. La nature de la matière dont les hommes sont composés est changeante : de là vient que les mœurs et les usages tendent toujours à s'éloigner de la loi. Il est donc nécessaire de connaître également la nature toujours changeante de cette matière dont nous sommes formés, afin de savoir par quelle cause nos mœurs s'éloignent des lois, par quelle manière, par quel art elles peuvent s'en rapprocher : c'est ce qui forme l'objet de toute la science de l'éducation, non pas de cette éducation que les nourrices sont accoutumées de donner à nos enfans, mais de celle que Lycurgue et Minos surent donner aux Spartiates et aux Crétois. L'ignorance de l'une de ces deux sciences a multiplié sur la terre les funestes exemples de ces législateurs qui, voulant essayer de réformer les peuples, ont causé leur ruine ou l'ont accélérée ; car ayant la mémoire remplie des idées théoriques des lois, et ignorant les mœurs des peuples, ils les ont portés vers un but auquel ils ne pouvaient pas parvenir ; perdant ainsi le bien qu'ils pouvaient faire, pour chercher le mieux qu'il était insensé d'espérer : ou bien, connaissant seulement les mœurs et ignorant le vrai bien et le vrai mal, ils les ont sanctionnées. Ils ont fait comme les pilotes qui, ne connaissaient point le port où ils devaient entrer et obéissant aux vents et aux vagues, ont brisé misérablement leur vaisseau contre les écueils et les rochers. »

« Mais, en revenant aux lois, il faut dire qu'elles sont accompagnées de peines et de récompenses, afin qu'elles puissent avec efficacité détourner les ames du vice et les attacher à la vertu. Cette partie de la science civile qui s'occupe des récompenses et des peines, n'est pas peu importante ni facile à trouver : les lois sans les peines sont inutiles ; et il est difficile de calculer les rapports que les peines ont avec les opinions, les préjugés et les mœurs des peuples. Les peines trop sévères, comme étaient celles de Dracon, au lieu d'épouvanter les ames, les rendent féroces ; les peines trop légères, comme étaient les sacrifices et les expiations qui, dans les temps héroïques, purifiaient même du parricide, rendent les ames trop audacieuses. Si elles ne sont pas proportionnées aux délits ; si, comme on le rapporte de Dracon, vous voulez punir l'oisiveté des mêmes peines que l'assassinat : au lieu de diminuer le nombre des petits délits, vous multiplierez les plus grands crimes. De là se forme pour les peines une justice différente de celle qui doit être le modèle des lois : et, s'il m'est permis de faire une comparaison, l'une doit procéder par raison arithmétique, parce qu'elle donne à chacun ce qui lui appartient ; et l'autre doit agir par raison géométrique, parce qu'elle prend sa mesure dans la comparaison des actions d'autrui. La science des peines et des récompenses appartient à l'éducation publique.* »

« Mais ce n'est pas encore tout. Nous avons donné des lois à notre cité : elles doivent être universelles, parce qu'elles sont communes ; elles

* PLATON, *des Lois*. Aristote parle longuement de deux espèces de justice commutative et distributive.

doivent être éternelles, parce qu'elles dépendent d'un ordre éternel. Elle n'a point de lois, cette ville dans laquelle on fait une loi pour chaque événement : elle n'en aura jamais, celle où la loi veut s'occuper, non de ce qui arrive ordinairement, mais de ce qui arrive deux ou trois fois. »

» Les lois étant établies ont besoin d'hommes qui veillent à leur exécution : elles ont besoin aussi d'une intelligence qui les mette en activité. Nos ancêtres nous racontent que dans l'origine les hommes ont été sous le gouvernement immédiat de Dieu ; et c'est là le siècle des vertus et du bonheur, que les poètes appellent le siècle de Saturne. Mais la matière ne pouvant résister à ce mouvement intérieur qui la portait à se désordonner, les hómmes corrompus s'éloignèrent des anciennes lois; et le monde aurait péri si Dieu n'eût pas puisé dans ce même désordre qui s'y était introduit, les remèdes aux maux qui en naissaient. Ce fut alors que vint ce siècle de fer, le siècle de Jupiter, quand Dieu confia le gouvernement de toutes choses aux Dieux inférieurs, conservateurs et ministres de ses idées éternelles ; et à ces hommes que nous honorons du nom de magistrats et qui sont, comme le disait Homère, les pasteurs des peuples, les directeurs et les nourriciers des troupeaux humains. Parmi les bienfaits accordés aux hommes par l'Être suprême, ce n'est pas le moindre, celui du pouvoir civil donné à ces pasteurs, à ces directeurs, sans lesquels le genre humain se détruirait bientôt par une guerre réciproque. »

« Le droit de ceux-ci vient de Dieu, parce que la nécessité de leur autorité existe dans la pensée éternelle de l'ordre universel. Leur premier devoir est de commander selon les lois, parce qu'en ne commandant que d'après elles ils remplissent la volonté de Dieu, qui est de voir exécuter ses idées, et la volonté du peuple, qui est toujours d'être heureux. Celui qui abuse de l'autorité pour tyranniser, trahit Dieu et le peuple. Il trouvera quelquefois de vils flatteurs qui, en lui rappelant la source divine de son autorité, lui diront que le crime n'est pas dans le puissant qui en abuse, mais dans le faible qui réclame la justice. Aveugles! qui ne voyez pas sur la tête de qui est suspendue cette épée du Très-Haut, épée toujours prête à venger, ou à défendre sa volonté ! Et sa volonté n'est que la félicité des peuples. »

» Maintenant, les lois d'une cité étant établies, comment trouverons-nous les hommes dignes de les exécuter ? C'est ici, ô Cléobule, la partie la plus difficile de la législation, parce que d'un côté les bonnes lois, sans bons gouvernemens, sont inutiles ; et de l'autre, parce que les hommes sont moins d'accord sur la nature du meilleur gouvernement que sur la nature des bonnes lois. Tu sais combien les opinions sont partagées entre le gouvernement d'un seul, celui d'un petit nombre, et le gouvernement de plusieurs ; entre les gouvernemens héréditaires et les gouvernemens électifs ; entre les élections réglées par la naissance, par la propriété ou par le sort. »

— Je sais tout cela, lui dis-je, mais j'aimerais entendre de toi, ô Clinias, quelle est la forme de gouvernement que tu préférerais à toutes les autres ? « Je voudrais que tu la choisisses toi-même. Voyons, Cléobule, si nous pouvons retrouver ensemble quelque motif qui nous fasse préférer l'une de ces formes de gouvernement.

Quel sera l'homme à qui nous confierons la garde et l'exécution des lois? Tu ne la confieras certainement pas à un homme dénué de bon sens, qui ne les entendrait pas ou qui ne saurait pas les appliquer aux actions des citoyens : mais, outre cette sagesse, que nous appellerons commune, tu désirerais dans le gouvernant d'une cité une intelligence capable de connaître les hommes, les temps et les choses, afin qu'il puisse, selon le besoin, suppléer à ce que les lois ne peuvent pas prévoir, et tantôt en changer la lettre pour en conserver l'esprit, tantôt en suspendre l'exécution, afin de les empêcher de périr. Enfin, tu désirerais dans le chef du gouvernement l'intelligence même du législateur : car les lois que celui-ci donne à une cité, sont comme les préceptes qu'un habile médecin, qui part pour des contrées lointaines, laisserait écrits pour conserver la santé publique. Si par hasard l'influence du ciel, ou la faim, ou la guerre, ou tel autre accident, produisait dans la cité une peste non prévue par le médecin ; ce serait une folie de ne vouloir point accepter le secours des autres médecins, et il serait très-utile d'en pouvoir trouver un autre qui méritât toute la confiance publique, que le premier avait acquise par une longue et heureuse expérience. Ce que je dis-là est-il vrai? »

— Cela est très-vrai, ô Clinias! « Tu ne confieras pas non plus la garde des lois à un homme que tu croiras violent, scélérat, esclave de ses caprices et de ses passions; mais tu le désireras modéré, prudent, sachant prévoir le mal et faire le bien, et surtout juste. » — C'est assez, Clinias! tu veux me dire qu'il y a une science et une vertu nécessaires pour gouverner, et que la cité la mieux ordonnée est celle dans laquelle l'exécution de lois sages est confiée à ceux qui possèdent au plus haut degré cette science et cette vertu.

« C'est précisément ce que je voulais te dire, ô Cléobule! A présent dis-moi, si cela te paraît être selon la nature : ne te paraissent-elles pas frivoles, ces divisions des gouvernemens, fondées par quelques-uns sur la naissance, sur la richesse ou sur le sort? Nous demandons les hommes les plus sages, et ils nous indiquent les plus nobles, les plus riches ou les plus heureux. Tu vois bien que ceux-ci veulent se mocquer de nous, ou ne connaissent pas vraiment ces hommes que nous cherchons. Ainsi, semblables aux voyageurs qui demandent un guide pour retrouver la maison de l'ami qui habite dans une ville nouvelle pour eux, pourvoyons-nous d'un autre guide pour retrouver le sage à qui nous voulons confier le dépôt précieux du bonheur public. Mais auparavant dis-moi, crois-tu que les hommes doués d'une ame noble et élevée soient nombreux dans une cité ? » — A Athènes, beaucoup de personnes le croient, ô Clinias ! On croit à Athènes que rien n'est plus facile que l'art de gouverner l'état. Après l'exemple de Cléon, il n'y a pas un misérable tanneur de cuirs qui n'ait la présomption de pouvoir faire taire Périclès et de vaincre les Spartiates. — « Et à cause de cela, malheur à Athènes ! La cité est perdue lorsque les citoyens n'ont plus de modestie; et ils la perdent bien vite lorsque le juge de leur mérite est la populace, qui non-seulement n'a aucune science ni aucune vertu élevée, mais qui encore ne sait pas même la reconnaître dans les autres : et ce qu'il ne peut pas faire, il le commet à d'autres qui le savent faire encore moins que lui. Nous croirons donc que nos lois ne sont pas en sûreté dans les mains d'un peuple entier. » — Les confierons-nous donc à un seul ? — « Si celui-là seul est juste, et si sa volonté est tempérée par les lois, son gouvernement sera le meilleur de tous. Dieu gouverne tout seul. Mais nous aurons le plus mauvais de tous les gouvernemens, si cet homme veut fouler aux pieds les lois et les faire servir à ses caprices. Cependant, ô Cléobule, nous dirons que le meilleur des gouvernemens est celui qui n'est pas confié à un seul, parce qu'un seul peut avoir des faiblesses ; non pas à tous, parce que le plus grand nombre est composé de fous et d'insensés ; mais à un petit nombre, parce que les meilleurs sont toujours en petit nombre, et que ce petit nombre sera obligé de rendre compte de ses opérations, afin que l'espoir de l'impunité ne le porte point à oublier les lois par négligence ou à les renverser par ambition. C'est pour cela que nous diviserons la puissance publique de manière que ses diverses parties puissent se balancer et se tempérer réciproquement, et donner à chaque classe de citoyens cette partie d'administration à laquelle ils paraissent les plus propres. Nous réunirons ainsi les avantages du gouvernement d'un seul, de celui du petit nombre, et de celui de tous. Ne te semble-t-il pas, ô Cléobule, qu'il eût été utile d'établir toutes ces choses-là parmi nous, avant de commencer par rechercher ces hommes que nous désirons trouver pour régir notre cité?» — Cela est très-utile.

« Voilà donc tout ce que nos savans ont su dire de vrai sur le choix du meilleur des gouvernemens; et lorsque le cours des événemens en a présenté l'occasion, ils n'ont point réglé le gouvernement de leur cité par d'autres maximes. Tu le vois ainsi dans Tarente, dont la constitution est appelée par quelques-uns *olygarchique*, parce que ceux qui gouvernent sont en petit nombre. D'autres l'appellent *démocratique*,* parce que le peuple n'est point esclave. En vérité, ce genre de constitution n'est autre qu'aristocratique, et il ne lui manque qu'un roi pour devenir semblable à celle de Sparte. Ce genre de constitution est plus libéral et plus juste; et c'est peut-être à sa justice que Tarente doit cette tranquillité intérieure dont elle a

* Aristote, *Polit. V*,

presque toujours joui jusqu'à présent, tandis que Crotone, Locres et Sybaris ont été déchirées et détruites par les divisions intestines. * Tarente doit aussi à cette constitution politique ce degré de supériorité extérieure qu'elle a aujourd'hui sur toutes les autres villes d'Italie. Qu'il y ait ou qu'il n'y ait pas un roi, comme dans Sparte, ainsi que tant d'autres différences dont s'occupent les demi-savans : ce sont là de légères formes dont les sages se servent comme de moyens pour rendre plus facile l'établissement des meilleures constitutions. Aux yeux des insensés, ce sont des prétextes pour déprécier celles qui sont bonnes : mais quant aux peuples, ce sont des motifs de félicité et de tranquillité, s'ils croient aux opinions des sages; des causes de destruction et de malheur, s'ils se laissent séduire par les fous. Qu'arrivera-t-il si les fous et les exagérés prennent le dessus ? Le peuple flottera entre les opinions insensées et les changemens funestes. Alors ce sera le moment de dire avec Homère : *Que tant de rois disparaissent et qu'un seul commande !* Il s'élèvera

* GRIMALDI, *Annales II*.

un homme doué d'une ame vraiment royale, qui réunira tous les esprits fatigués par les discordes, et fera tout ce qu'il pourra, non pour donner les meilleures institutions, dont les hommes, par leurs folles passions, se sont rendus indignes; mais pour diminuer, au moyen des vertus d'un seul, les effets funestes de la folie de tous. *

* Aristote, *Polit.*

CHAPITRE XXII.

PLATON A EUDOXE DE GNIDE.

Hélas! pourquoi n'es-tu pas parmi nous? toi qui as tant désiré de connaître la nature des astres, et qui as dit mille fois que tu serais content de brûler au feu du soleil, pourvu que tu pusses en connaître la nature.* Pourquoi n'es-tu point parmi nous ?

Oh! combien je regrette le temps que j'ai perdu à apprendre les chimères que nous autres Grecs appelions sagesse et connaissance de la nature! ** Quelle petite et faible idée nous avions de l'univers et de l'intelligence suprême qui l'a produit! et combien sont grandes et sublimes les idées qu'ont les disciples de Pythagore!

Pour nous, la terre que nous habitons est un peu plus grande que notre Grèce; elle devient,

* Paroles d'Eudoxe dans Plutarque.

** Théophraste, dans Plutarque.

d'après le calcul des Pythagoriciens, une sphère immense qui est habitée dans toutes ses parties. Il y a des hommes qui ont les pieds opposés diamétralement aux nôtres : rêverie propre à faire rire les jeunes philosophes d'Athènes qui ne pourraient pas certainement s'imaginer des hommes qui eussent la tête en bas, mais qui ne doit point faire rire un philosophe qui, initié dans les mystères de la géométrie, comprend que tous les points de la circonférence d'un cercle, d'une sphère sont égaux entre eux, et qu'il n'y a point de différence entre occuper l'un ou l'autre. Ainsi le cercle et la sphère sont les seules figures parfaites. Il semblerait étrange que la nature, dans ses plus grandes opérations, n'eût point adopté celle des figures que nous autres faibles raisonneurs adoptons dans nos ouvrages.

La terre que nous habitons est une sphère. Les astres suspendus à la voûte du firmament sont aussi des sphères. L'immense distance à laquelle ils sont de nous peut seule faire croire qu'ils sont autant de points, et qu'ils parcourent la même orbite.

Nous nous sommes arrêtés à cette première apparence des sens, et nous avons cru réellement que les astres tournaient autour de notre globe, que nous imaginions être stable au centre de l'univers. Que savions-nous de plus que les bergers nos ancêtres, qui, voyant le soleil disparaître tous les soirs, croyaient réellement qu'il plongeait sa tête aux cheveux d'or dans le sein d'Amphitrite? Ecoute maintenant ce que disent les Pythagoriciens.

La terre n'est point le centre de l'univers. Après lui avoir reconnu cette grandeur que nous ne lui croyions pas, l'univers s'est agrandi également, et mille planètes semblables à la terre circulent en roulant dans l'immensité de l'espace.

La main puissante de *Demiurgos* * a lancé la terre. Est-ce elle qui parcourt autour du soleil ce cercle immense que les astres paraissent décrire? Les deux grands principes moteurs de toutes choses, la discorde et l'amour, la soutiennent dans sa révolution éternelle. Pendant que le premier la pousse sans cesse à s'éloigner du soleil, le second la retient; et de là vient qu'elle parcourt un cercle semblable à la

* Demiurgos était, dans l'école de PLATON, le nom du suprême architecte de l'univers.

pierre dans la fronde, qui, poussée par une force à parcourir une ligne dans l'horizon, est retenue par un lien autour du bras qui la meut. Nous ne voyons point ce lien invisible qui tient la terre; mais crois-tu que de ce qu'on ne le voit pas on puisse conclure qu'il n'existe pas?... Si dans le monde il y a une intelligence, elle doit se servir de moyens, et elle doit avoir un but. Nous ne comprenons pas les moyens, parce que nous ne pouvons les comprendre sans connaître la nature de l'intelligence elle-même; il nous faudrait une intelligence égale. Peut-être un jour nous les comprendrons, lorsque nos ames, dégagées des liens de la matière, connaîtront l'essence même des choses. Mais le but doit certainement être l'union, parce que le monde étant un, et ses parties étant nombreuses, il est nécessaire qu'elles tendent à s'unir : autrement le monde entier tendrait à se dissoudre, c'est-à-dire à n'être plus un.

La terre roule autour du soleil. Autour de lui roulent aussi Mercure, Vénus, Mars, Jupiter et Saturne; et chacun de ces astres a une force qui lui est propre. Chacun d'eux est habité comme la terre. Et pourquoi l'intelligence suprême n'aurait-elle pas disséminé partout des intelligences inférieures qui puissent admirer et louer ses décrets?

Comme tout s'explique facilement par cette doctrine, et comme la raison n'est jamais contraire à l'observation des sens! Tu vois l'étoile brillante qui accompagne l'aurore et précède le soleil : le soleil paraît-il, elle n'est plus visible. Quand l'astre du jour s'éloigne de nous, une autre étoile paraît suivre ses pas toute en feu; et ne semble-t-il pas que, malgré la nuit qui la poursuit, elle veuille conserver encore aux mortels une partie de ses rayons vivificateurs? Apprends maintenant que l'astre qui annonce à l'homme le moment du travail et celui qui lui ramène l'heure du repos, ne sont qu'un seul et même astre. L'amant qui maudit l'astre qui interrompt ses plaisirs, et celui qui invoque l'astre témoin de ses amoureux larcins nocturnes, maudissent et invoquent le même astre; et leurs voeux et leurs malédictions s'adressent à une matière inerte, qui ne fait que réfléchir, presque par force, la lumière qui lui vient du soleil. Ainsi cette terre noire, ce corps opaque que nous habitons, paraîtra lumineux aux habitans de quelque autre planète; et les montagnes, les vallons, les mers qui partagent la terre, produiront à leurs yeux ces mêmes variétés que nous observons sur la surface de la lune : et peut-être, s'ils n'ont pas une intelligence plus subtile et un langage plus exact que nous, éleveront-ils aussi, comme nous, des autels à la lune et aux astres; et invoqueront-ils comme dieu ou comme déesse le petit séjour des animaux bipèdes et sans plume.

Je ne te parlerai point des éclipses. Grâces soient rendues à Anaxagoras : on commence maintenant à les connaître à Athènes. Mais vois-tu ces astres qui paraissent quelquefois, tantôt comme environnés d'une chevelure, et tantôt ayant une queue toute en feu; astres dont le retour n'est jamais prévu, et fait naître tant de craintes dans le vulgaire et tant d'absurdités dans l'esprit des philosophes? Ce ne sont que des planètes semblables à la lune, à la terre; mais comme elles parcourent un cercle plus grand, nous ne les voyons que lorsqu'elles sont près de nous. Les planètes ne sont pas au nombre de cinq seulement. Il y en a mille qui tournent autour du soleil; et il viendra un jour que peut-être on les connaîtra toutes; on en pourra calculer le cours et le retour. Nos descendans se moqueront peut-être ou auront pitié de nous, parce que nous aurons ignoré des choses si communes pour eux.

Ils auront des connaissances plus sûres : nous ne faisons qu'imaginer, et cette imagination même surprend quelquefois notre intelligence. Un nombre infini d'astres brille à la voûte azurée du firmament : qui peut les compter? Quelque philosophe a déjà essayé de le faire, mais inutilement. Quand il arrive à la voie lactée, ses calculs s'arrêtent comme ceux d'un homme qui commence à compter les petites pierres blanches placées sous ses yeux, et qui porte ensuite ses regards sur le rivage sablonneux de la mer, où une infinité de pierres ne nous présente plus qu'une seule surface toute blanche. Or tous les astres que nous avons osé compter, et les autres astres que nous ne pourrons jamais dénombrer, sont autant de soleils autour desquels roulent plusieurs autres millions de planètes errantes, semblables à celle que nous habitons. Chacune d'elles a un soleil qui est son centre. Et crois-tu que tous ces millions de soleils et de planètes existent sans un centre commun? Sans cela l'unité du monde serait détruite. Des milliers d'astres roulent autour d'autres soleils, qui roulent de même par milliers autour d'autres; et ceux-ci autour d'autres encore : et tous se meuvent autour d'un point commun, qui est le siége de l'intelligence suprême, et d'où émanent la force et la loi générales qui animent et soutiennent la nature. Là réside le feu élémentaire, cette lumière pure qui, se revêtissant ensuite de formes sensibles, court d'astre en astre, jusqu'à ce que peut-être elle retourne à la source éternelle dont elle est émanée. C'est-là qu'est la source de toute intelligence, qui peut-être passant d'un être à un autre, parcourt aussi l'immense circuit que fait la lumière. Là.... *

Crois-tu que tout cela soit un songe? O mon cher ami, je ne le sais point. Renfermé dans cette prison formée par notre corps, que pouvons-nous faire autre chose que de rêver? Mais parmi tant de rêves, ceux qui approchent le

* Pour ne pas multiplier les citations qui auraient été trop longues dans cette lettre, je renvoie le lecteur à l'*Appendice I*.

plus de la vérité sont ceux qui ont le plus de sublimité et de majesté, parce qu'il est sublime, grand, admirable, l'architecte de l'immense machine dont nous cherchons à connaître l'organisation et les diverses parties.

Tournons nos regards sur nous-mêmes. Au milieu d'un aussi grand nombre de soleils et de tant de milliards d'êtres répandus avec profusion dans l'immensité de l'espace, que sommes-nous? Nous ne savons rien, il est vrai; mais nous cherchons à tout connaître. Ne te semble-t-il pas que notre intelligence soit supérieure à notre matière, et que nous serions capables de quelque chose de plus que ce que nous faisons, si...... Oui, un jour nous serons libres et meilleurs.

CHAPITRE XXIII.

DISCOURS DE PONTIUS.

Après le souper on parla de la vertu. Qu'est-ce que la vertu? Les interlocuteurs étaient nombreux, et les avis furent très-différens. Il ne manqua ni de discussions très-subtiles, ni de discours très-éloquens, dont je ne te dis rien, parce que tu en entendras parler à Athènes jusqu'à satiété. Architas, Platon et Pontius avaient jusqu'à ce moment gardé le silence, comme pour nous entendre parler nous autres jeunes gens. Ensuite, suivant un usage de ce pays, d'après lequel, quand on veut terminer une discussion on demande l'avis des plus anciens, Architas dit à Pontius : Que te semble-t-il, mon ami, des discours de nos jeunes gens?

Remerciez les Dieux, dit-il aux jeunes gens, de ce qu'ils vous ont donné des ames si bien formées, que dans cet âge où les autres hommes, entraînés par les passions des sens, consument toutes les forces de leur esprit en courant après de vains plaisirs, qui ne leur donnent ensuite qu'une vieillesse précoce, honteuse et misérable; vous, au contraire, vous occupez votre esprit à ces objets qui peuvent vous rendre dignes de votre estime et de celle des autres. Heureuse contrée où, même pendant le souper, on parle de vertu! Je m'en félicite avec votre patrie, vos pères, vous-mêmes et vos enfans. Si ensuite vous attendez de moi des discours semblables à ceux que je viens d'entendre de vous, votre espérance est vaine. Qu'elle ne vous trompe point, l'estime qu'Architas et Platon montrent pour moi: je la dois en partie à l'amitié, qui, comme vous le savez, a coutume d'augmenter le mérite dans la personne de l'ami, et en partie non pas à la doctrine que j'ai professée, mais aux actions que j'ai faites. Mes cheveux blancs vous montrent bien mes années; je m'approche du terme des choses mortelles, que j'abandonne avec le sentiment intime que j'ai toujours aimé la vertu. Mais les arts et les sciences qui adoucissent les moeurs et éclairent la raison des habitans de Tarente et d'Athènes, n'ont pas pénétré dans nos montagnes. Nous sommes encore, comme on dit que furent jadis nos aïeux, *gens grossiers et sortis des troncs durs des arbres.* Nous nous contentons d'agir, et nous laissons aux autres le soin de raisonner; et s'il arrive quelquefois qu'on nous demande : *Pourquoi faites-vous cela, pourquoi ne le faites-vous pas ?* je ne saurais donner d'autre réponse que celle-ci : *C'est ainsi qu'a fait mon père.* Mon père ne sut jamais donner d'autre raison, et peut-être mon fils n'en saura pas donner une autre.

En agissant et en pensant ainsi, j'ai passé jusqu'à présent des jours tranquilles, parce qu'elle est toujours tranquille l'ame de celui qui croit fermement qu'il fait bien. Mais si cette croyance vient à manquer, si la main agit contre le sentiment de l'ame, si l'on agit pendant que l'ame est encore incertaine; à la tranquillité succède le remords, ou du moins le doute inquiet. C'est ainsi que je suis aujourd'hui, ô jeunes gens! J'ai entendu dire tant de choses sublimes sur la vertu, et vos opinions sont si différentes, que pendant que vous raisonniez je me disais à moi-même : Si ces jeunes gens élevés dans les célèbres villes d'Athènes et de Tarente, ayant rempli leur esprit des plus sublimes préceptes des sages, et ayant adouci leurs ames par la musique et par les arts, éprouvent autant de difficultés pour démontrer ce que c'est que la vertu; comment pourras-tu, grossier Samnite, avoir la présomption d'être vertueux? Ainsi donc soixante-dix années de travaux et de soins ne produiront rien, et je mourrai comme le dernier des hommes, incertain d'avoir mérité l'estime des bons! que dis-je? avec le remords de l'avoir usurpée; et lorsque je devrai rendre compte de ma vie, je ne pourrai pas dire : *Architas et Platon m'ont estimé*. De quel prix serait leur estime, si moi-même je m'en croyais indigne? Je serais obligé d'avouer que j'ai trompé Platon et Architas. Je terminerais ma vie avec l'espérance de revoir mon père et mon aïeul dans ces régions heureuses où l'on dit que les Dieux toujours justes envoient les ames des bons, et en me flattant qu'un jour j'y serais rejoint par mon fils; et voilà que votre discours a détruit toutes ces espérances! Maintenant, par pitié pour un vieillard, par pitié pour mes ancêtres et pour mes enfans, qui sont du même âge que vous, dites-moi, généreux jeunes gens : Toutes ces connaissances dont vous pouvez orner votre esprit, sont-elles donc indispensables pour être vertueux ?

Ce discours et cette question étonnèrent tous les jeunes gens. Ils ne savaient que répondre, et tournaient leurs yeux, tantôt vers Pontius, tantôt vers Architas et Platon, comme s'ils eussent voulu dire au premier : *Pourquoi fais-tu cette question?* et aux seconds : *Pourquoi ne répondez-vous pas?*.... Mais heureusement Pontius les tira d'embarras, en reprenant son discours.

Dites-moi, jeunes gens, avant que dans la Grèce on commençât à disputer sur la vertu, ne comptiez-vous pas parmi vos ancêtres quelque homme vertueux? Et ce *Thémistocle* qui sauva votre patrie; et ce *Léonidas* qui sut mourir pour la sienne; et cet *Aristide* que vous appelez vous-mêmes *le juste* par excellence, les regardez-vous comme des scélérats? — Nous les croyons, au contraire, très-vertueux.

Cependant, ils ne devaient pas avoir toutes ces connaissances que vous avez, s'il est vrai que le goût de la philosophie ne soit pas plus ancien chez vous que l'époque où vivait Socrate; et quand même cette époque serait plus reculée, je vous demanderai de nouveau : Que pensez-vous de la vertu d'*Harmodius* et d'*Aristogiton*, qui rétablirent parmi vous l'empire des lois; de ce *Codrus* qui sut acheter par sa mort la victoire d'Athènes; de ce *Thésée* qui en fut le fondateur? Et, en parlant ainsi, nous arriverons toujours à un siècle où nous trouverons beaucoup d'hommes vertueux et peu de savans. Comment en serait-il autrement sans donner un démenti aux Dieux, qui ont établi la vertu comme nécessaire au bonheur de tous les hommes? Il n'est donc pas croyable qu'ils la fassent dépendre d'une science qu'il est si difficile d'acquérir : il n'est pas croyable que vous autres Athéniens et Tarentins, seulement parce que vous êtes plus éclairés, vous deviez être, pour cela, plus chers aux Dieux. —

Mais, homme sage! quelle voie crois-tu la meilleure pour conduire à la vertu? —

Je vous le répète, n'attendez point de moi des théories sublimes. Je vous parlerai de faits, qu'une longue vie bien employée m'a mis dans le cas d'observer. Je vous parlerai des faits de votre propre histoire, dont j'ai été instruit longtemps par l'amitié des Grecs, quoique je ne sois pas de leur pays. Dites-moi donc : Quand tout le peuple d'Athènes assemblé au théâtre donna unanimement le nom de *juste* à votre *Aristide*, croyez-vous que tous les Athéniens aient eu la même idée de la justice? — Et pourquoi non? — Et quand *Thémistocle* se présenta à l'assemblée du peuple pour proposer un projet qu'il disait utile à la patrie, mais qu'il ne pouvait pas révéler en public, toute l'assemblée se contenta d'ordonner qu'il le confiât seulement à *Aristide* : et ensuite elle y renonça bientôt après qu'Aristide eut déclaré que le projet pouvait paraître utile, mais qu'il n'était cependant pas juste? — Nous pensons de même. —

Cela n'est pas étonnant : des jeunes gens doués d'autant de raison que vous ne pourraient en disconvenir. La vertu était donc dans Athènes, comme une belle femme connue de tout le monde : de sorte que quiconque la voyait pouvait la reconnaître et dire *C'est elle;* et quiconque devait la suivre savait où il devait la chercher. Certes si vos opinions avaient été alors différentes à un tel point qu'il ne fût pas possible de connaître ce que les Athéniens entendraient par vertu, Aristide n'aurait pas obtenu le prix le plus doux que les Dieux puissent donner aux mortels pour leurs travaux: sa renommée serait douteuse. Célébrée par quelques-uns, elle pourrait être condamnée par le plus grand nombre. On pourrait disputer sur sa personne; et qui ne sait encore si son nom ne serait pas tombé dans le dernier degré d'avilissement et dans l'oubli? On tombe toujours dans l'oubli quand la différence d'opinions est telle et le nombre des sectes si grand, qu'aucune ne pouvant faire la guerre à l'autre, toutes finissent par se taire. C'est un très-grand malheur pour une ville, parce que la concordance des opinions n'existant plus, l'on ôte aux hommes l'émulation la plus vive qu'ils puissent avoir pour la vertu, c'est-à-dire l'approbation constante de tous les citoyens. C'est pour cela qu'on dit que lorsque les Dieux veulent punir une ville, ils lui ôtent l'amour de la vertu; et pour la lui ôter, ils commencent par lui ôter l'amour de la bonne réputation: malheur qui devient encore plus grand, parce qu'il ôte non-seulement l'émulation, mais encore l'exemple des bonnes actions ; et quand même quelqu'un, s'élevant au-dessus des diverses opinions du vulgaire, voudrait suivre la vertu, à quel parti pourrait-il s'attacher? quelle opinion suivre sans crainte de ne pas se tromper? —

Voilà précisément, ô Pontius, reprit alors Néarque, l'utilité de ces connaissances que tu parais apprécier si peu. Aristide, au milieu de la diversité des opinions des autres, trouve au fond même de son ame les signes auxquels il doit reconnaître la véritable vertu.

Tu as très-bien parlé, ô Néarque! mais réfléchis, je t'en prie, que cette science n'est utile que lorsque les mœurs d'une ville sont déjà corrompues. — Je ne te comprends pas. — Tu viens de le dire toi-même il n'y a qu'un instant. N'as-tu pas dit que la science peut servir de guide à l'homme juste, quand même les opinions des hommes seraient différentes? Or les opinions étant nombreuses, et ne pouvant y en avoir qu'une seule de vraie, parce que la vertu est une, il faut en conclure que plusieurs doivent en avoir une idée fausse, et qu'ils sont par conséquent vicieux. Ainsi toute votre science pourra tout au plus servir de remède aux maux de la cité; mais comme le remède est plus propre à empêcher les progrès du mal qu'à la rétablir dans un meilleur état, de même vous espérez en vain de l'homme qui a besoin du secours de la médecine, ce que vous pouvez attendre de l'homme qui jouit d'une bonne santé. Ce remède ne sera jamais bon pour tout un peuple, parce que l'on ne peut espérer que tous soient sages. Un grand nombre doit être propre à l'agriculture, un grand nombre aux arts. Combien donc y en a-t-il qui puissent écouter *Architas* et *Platon* et les comprendre? Et encore parmi ces derniers, combien y en a-t-il qui puissent en profiter? Établirez-vous donc dans vos cités une olygarchie de vertu et de savoir, la pire de toutes, parce qu'une telle olygarchie rend non-seulement les hommes esclaves, mais encore propres à l'esclavage. Si une ville libre n'avait plus qu'un seul homme vertueux, qui peut nier que dans une telle ville la domination d'un seul serait nécessaire? *

Ajoutez que les vérités que nous apprenons dans notre jeunesse agissent faiblement sur

* Aristote, *Polit.*

notre esprit : les exemples qui nous environnent dans notre enfance nous font une impression très-profonde. Ils sont utiles, les préceptes que nous voyons mettre en pratique par tous : les autres, que la pratique dément, sont presque toujours inutiles; et l'homme vertueux qui habite dans une ville corrompue devra lutter chaque jour contre les mauvais exemples des autres. Eh! qui sait si un jour un de ces exemples ne le séduira point, d'autant plus qu'il lui manque le premier mobile pour être vertueux, l'approbation de ses semblables? —

Mais, peut-être, veux-tu dire que dans une ville corrompue il ne peut exister un homme vertueux? —

Me préservent les Dieux d'avoir une aussi mauvaise opinion des hommes! Mais je crois, et je le crois fermement, que rarement on trouvera un tel homme. Peut-être dans le cours d'un siècle y aura-t-il un seul individu qui devra faire beaucoup d'efforts et souffrir beaucoup, et qui sera très-souvent inutile à la cité, dont il ne corrigera point les moeurs. Il fera même naître une certaine guerre d'envie et de dépit entre le vulgaire et lui. Le vulgaire le méprisera, et le persécutera ; lui deviendra plus austère. Ainsi la vertu deviendra plus impraticable, et le peuple plus corrompu. Vos sciences tendent à rendre l'homme sage. Je voudrais, au contraire, qu'on rendît vertueuse la ville entière. Alors la vertu serait facile; les enfans la suceraient avec le lait, et peut-être seraient-ils vertueux sans s'apercevoir qu'ils le sont.

Malheur à cette ville où la vertu est un effort! à cette ville dans laquelle une action vertueuse exige le prix qu'on ne doit qu'à la valeur! Alors j'admire l'homme; mais je secoue la poussière de mes pieds, et je pars d'une telle cité.

Pour nous, la vertu n'a d'autres bases que l'usage de nos pères; et quand nous voulons dire d'une action qu'elle est vertueuse, nous la disons faite selon l'usage de nos ancêtres.* Nous pensons tous de la même manière; nos ancêtres étaient d'accord entre eux, et nous le sommes de même, parce que nous sommes d'accord avec nos ancêtres. Nous savons donc mieux que vous en quoi réside la vertu. La

* *More majorum.*

vertu de la cité consiste en ce que les citoyens ont les mêmes usages et les mêmes mœurs; la vertu du citoyen consiste à avoir des mœurs conformes à celles de la cité. Si vous n'avez pas des mœurs publiques, comment prétendez-vous avoir des mœurs privées? —

Par Hercule! m'écriai-je, en me tournant vers Platon, de la manière dont raisonne Pontius, il serait bien tenté de renouveler l'exemple des Éphésiens, qui chassèrent Hermodore, uniquement parce qu'il était plus vertueux que les autres. *Trop de vertu!* disaient-ils : *nous t'admirerons toujours; mais va-t'en l'exercer ailleurs.* * —

Je ne sais point, ô Cléobule, qui est cet Hermodore dont tu parles; à peine je connais Ephèse. Mais je l'avoue, et pourquoi le nier? dans mon pays je ne souffrirai pas volontiers les nouveautés inutiles. Je ne conteste pas que nous n'ayons appris bien des choses utiles, par le cours des années, par les soins de nos sages et par nos communications avec les autres peuples. On dit que nos premiers pères se nourrissaient de

* Cicéron, Q. T.

glands; aujourd'hui nos champs sont couverts de blé. Ils habitaient dans les cavernes, ou dans les trous que les eaux et le temps avaient formés dans le tronc des arbres; nous habitons des maisons commodes. Nous savons faire la guerre, et même dans cet art nous avons appris des autres beaucoup de choses utiles. Un sage Tarentin a, le premier de tous, écrit les principes de l'art de fortifier contre les étrangers les villes, qui déjà, avec le secours des autres arts, s'étaient rendues plus commodes pour l'habitation des citoyens. *

Mais tu vois que chaque nouveauté introduite chez un peuple tend à changer ses mœurs; et aussitôt que les mœurs ont perdu leur simplicité, il arrive rarement que les hommes soient unis. Il faut que nous soyons tous d'accord sur la vertu. Il faut que nous croyions tous que Dieu nous a donné la vie pour être utiles à notre pays et pour être utiles à nos semblables. Si tu viens introduire dans mon peuple un usage nouveau qui puisse lui être utile, tu seras le bienvenu. Si tu viens m'ap-

* Voyez l'*Appendice I*.

prendre à faire naître deux plantes là où auparavant il n'en naissait qu'une seule, je dirai à mes concitoyens : Soyons reconnaissans envers cet homme de bien, qui fera produire la subsistance de huit personnes par cette terre qui ne suffisait qu'au besoin de quatre. Lorsque les Dieux, dans leur colère, voudront nous punir par une disette, nous aurons peut-être autant de malheureux de moins, qui ne seront point obligés de chercher leur subsistance dans les pays déserts, en suivant les traces des animaux sauvages, comme firent tant de fois nos ancêtres.

Dis-moi, ô Cléobule! si quelqu'un venait dans mon pays et disait à mes enfans et à leurs compagnons : Quelle est la vie que vous menez ici? Vous vivez dans une éternelle privation de tout. A votre âge, les jeunes nobles de Tarente et d'Athènes jouissent d'autres plaisirs..... Pourquoi ne secouez-vous pas le joug de ces vieillards qui déjà depuis long-temps auraient dû payer leur tribut à la nature?.... Les lois!.... Et pourquoi ne brisez-vous pas le joug des lois?.... La patrie!.... N'êtes-vous pas les maîtres de la patrie?.... Les citoyens!.... Faites-les servir à vos plaisirs....

— Cet homme, ô Pontius! serait certainement un scélérat. —

Eh bien, ô Cléobule! il est plus scélérat encore, celui qui va introduire dans un pays des jouissances et des plaisirs inconnus.

O Pontius, puissent les Dieux venir à ton secours! dit Architas. Non, il n'y a point de peste plus terrible que la volupté, ni pour la cité ni pour l'homme. Considérez un homme dans le moment d'un plaisir extrême : il n'a ni cœur ni ame; ce n'est point un homme. Composez une cité de pareils individus; vous y aurez des adultères, des trahisons, mille tyrannies injustes, jusqu'à ce que la patrie soit opprimée par un de ses propres enfans, vendue ou lâchement livrée à l'ennemi. 1)

La nature nous a inspiré à tous l'amour de nos semblables; cette affection même, unie aux doux souvenirs des premières années et à de longues habitudes, s'appelle *l'amour de la patrie*. Pour-

1) Dans son *Traité de la Vieillesse*, CICÉRON met à peu près les mêmes paroles dans la bouche d'Architas.

quoi un homme n'est-il pas attaché à son semblable? pourquoi ne s'affectionne-t-il pas à un autre homme? Parce qu'il désire plus que son propre travail ne peut lui procurer. Pourquoi le trahit-il? Par une cupidité aveugle et effrénée, fille de son intempérance. Il voit dans son semblable, non l'ami dont il espère du secours dans le besoin, mais un esclave dont il prétend obtenir la satisfaction de ses caprices. Il lui ravit d'abord sa propriété, ensuite les travaux de ses mains, et enfin la vie. La patrie même devient à ses yeux une proie. Et pourquoi non? Cette patrie, qui aux yeux de l'homme vertueux est le plus cher de tous les biens, parce qu'elle renferme la réunion de tous les amis, n'exprime à ses yeux que la réunion de tous les esclaves. Il se dit à lui-même: Dominons-les. Mais où trouverait-il des hommes qui voulussent servir, s'il n'en trouvait pas qui voulussent se vendre? Une foule d'hommes insensés et corrompus vendent alors la patrie au premier qui s'offre pour l'acheter. Ainsi la plus commune, peut-être, et la plus excusable des séductions par lesquelles l'homme a coutume de s'éloigner de la ligne du vrai et du juste, devient la cause des crimes les plus atroces. —

Vous avez tous entendu parler de Capoue, reprit Pontius. On dit que les habitans de Capoue eurent avec nous une origine commune: je le crois, parce que nous avons encore les mêmes Dieux et un idiome peu différent.* Mais les Étrusques, habitant les fertiles plaines de la Campanie, placés dans le voisinage de la mer, maîtres de la navigation du Volturne, ont amassé en peu de temps des richesses. Capoue est la Sybaris de cette partie de l'Italie que nous habitons; et ces riches habitans nous méprisent si fort, nous pauvres habitans des montagnes, qu'ils nous appellent par dérision *les sales Samnites.* ** Que le ciel conserve leurs richesses! mais ce que je sais, c'est que Capoue a été prise plusieurs fois par les misérables montagnards qu'elle méprisait. Encore aujourd'hui les habitans de Capoue sont devenus Samnites; corrompus et amollis comme ses premiers habitans qu'ils ont exterminés, ils attendent que

* Voyez l'*Appendice III.*

** *Samnite*, homme sale.

d'autres peuples viennent les traiter de même.* Ne serais-je point réputé bon citoyen, si j'avais chassé les Samnites, qui avaient voulu retourner dans leurs propres maisons, en y rapportant l'oisiveté et les voluptés de Capoue?

Dites-moi: qu'est-ce que le courage? L'homme lâche et l'homme fort meurent également; mais l'homme fort est le seul qui sache souffrir ce travail qui peut nous affranchir de la mort. Qu'est-ce que la liberté? C'est se suffire seul à soi-même. Quiconque, pour vivre, a besoin d'un esclave, aura tôt ou tard besoin d'un maître pour pouvoir mieux vivre.

Les tyrans entendent tout cela: de là vient qu'ils provoquent toujours la débauche et la mollesse dans leurs sujets. Je vous parlerai d'Aristodème, qui détruisit la liberté de Cumes, sa patrie. Cumes est une ville grecque très-ancienne, fondée par les habitans d'Eubée, dans ces mêmes lieux où demeuraient autrefois les Cimmériens, et que les volcans, les tremblemens de terre et les grandes révolutions de

* TITE-LIVE, *Décade I.* GRIMALDI, *Annales, liv. I.* PELLEGRINO, *de la Campanie.*

la nature, ont rendus terribles et pour ainsi dire sacrés. * Eh bien! Cumes, par la fertilité de son sol, par l'étendue de son commerce, devint très-riche, et les richesses y produisirent la corruption. Cumes était gouvernée par ses nobles; et pendant que les mœurs furent simples, les lois furent douces et le gouvernement modéré. Les ames une fois corrompues, les nobles devinrent despotes et oppresseurs; le peuple fut intolérant; la cité fut divisée par les partis. Un jeune homme d'un esprit vaste, d'une ame audacieuse, plein de valeur, se met à la tête du peuple comme pour venger ses droits. Il est nommé chef d'une armée destinée à repousser les Campaniens, qui menaçaient la ville, parce qu'ils avaient défait la première armée, commandée par les nobles. Il bat les ennemis, et tourne ensuite l'armée victorieuse contre les nobles, qui, dégradés, amollis par le luxe et par les vices, ne savent point résister. La ville est prise, et tous les nobles sont égorgés. Aristodème obligea leurs veuves à épouser ceux qui avaient encore leurs mains teintes du sang de leurs époux. Il sentit

* Pellegrino, *de la Campanie*, II.

cependant que les voies de rigueur ne suffisaient pas pour soutenir cet empire, que la lâcheté des habitans lui avait permis d'usurper; et il pensa à maintenir toujours cet esprit de lâcheté pour éteindre jusqu'au désir même de la vengeance. Voilà Cumes convertie en un lieu de débauche. Il ordonna que les enfans des principaux citoyens ne fissent d'autre étude que celle du luxe et des plaisirs; plus de *palestre*, plus de *gymnase*, plus d'*école* : les seuls maîtres que la jeunesse connut, étaient des danseurs, des joueurs de flûte, des perruquiers; et comme si cela était encore insuffisant, on ordonna par une loi que les arts ne seraient pas exercés par des hommes, comme ils le sont partout ailleurs, mais par des filles jeunes et belles, afin qu'il ne restât plus dans les mœurs générales des traces même de virilité. Mon aïeul, qui était alors à Cumes, me raconta qu'on voyait des jeunes gens se promenant dans la ville avec de belles femmes qui leur donnaient le bras, et portant un parasol afin que leur peau ne devînt ni noire ni rude.* On ordon-

* Grimaldi, *liv.* I.

nait le service militaire pour le jour suivant, sous la restriction *s'il ne pleuvait pas*. Il n'y avait à Cumes d'autre homme qu'Aristodème et six mille soldats qu'il tenait à sa solde et qu'il avait ramenés des diverses contrées de l'Italie; espèce d'hommes féroces, sans aucun sentiment du bien et du mal, et entretenus pour servir d'instrumens et de soutien au crime. Ils pouvaient bien défendre Aristodème de la vengeance des habitans de Cumes : mais qui donc aurait défendu Cumes contre les attaques des étrangers? Nos habitans de Capoue lui déclarèrent la guerre. Aristodème fondait ses espérances sur ses alliés, et principalement sur le prince qui régnait alors à Rome. Tarquin perdit le trône, Aristodème fut vaincu et tué. On rétablit à Cumes, pendant quelques années, le simulacre des anciennes lois; je dis le simulacre, parce que les mœurs, d'où naissent les différentes lois, n'y étaient plus : Cumes finit par être la proie des habitans de Capoue.*

O jeunes gens! souvenez-vous toujours de cet exemple, et demandez-vous à vous-mêmes :

* DIODORE *de Sicile*. — STRABON, V. — TITE-LIVE, IV, etc.

Qui porta les nobles de Cumes à l'insolence, à l'orgueil, à l'oppression de leurs concitoyens? la volupté. Qui les rendit lâches et vils au point de ne pouvoir résister à leurs oppresseurs, et même de ne pouvoir s'en venger? qui établit dans Cumes la tyrannie? la volupté. Qui détruisit Cumes et sa propre tyrannie? la volupté. Aristodème la crut propre à ses desseins, seulement parce qu'elle lui donnait en apparence la sûreté du moment; mais il ressemblait à cet homme qui croit prolonger sa vie, pendant qu'il creuse la fosse dans laquelle il doit être enseveli. La débauche publique est également funeste aux peuples et aux gouvernemens; et plus cruelle que les armes, elle punit également ceux qui ont opprimé leur pays et ceux qui n'ont pas su le défendre.

Ainsi, Pontius, que crois-tu maintenant que soit la vertu? — Rien autre que la tempérance et l'amour du travail. —

Et tout cela, ajouta Platon, est très-vrai. — Après cette conversation, nous nous levâmes de table.

CHAPITRE XXIV.

DE CLÉOBULE A SPEUSIPPE.

La *vertu n'est autre chose que le travail*..... Par Hercule! Pontius, ta philosophie est bien dure! Je devrais donc me priver de tous les plaisirs que m'offrent mes richesses et mon âge? Je devrais supporter toutes les amères plaisanteries de mes compagnons, vaincre les autres et moi-même; et quand j'aurais fait tout cela, je deviendrais semblable au dernier des cultivateurs d'oliviers au mont Hymète. Certes, Socrate n'excitait pas de cette manière à la vertu les jeunes Athéniens; mais il les retirait de l'exercice des arts vils, pour les appeler à la contemplation des vérités sublimes. Ils oubliaient toutes leurs affaires pour former autour de lui un cercle, lorsqu'il se promenait et qu'il discutait dans le Pyrée. S'ils supportaient la privation des plaisirs, ils jouissaient du moins de la vanité d'être remarqués et d'entendre dire au peuple qui passait : *Qui sont ceux-là? — Ce sont des savans.* —Mais qui est ce Pontius dont tu me parles? — Il est très-vrai, je te parlais de lui comme je t'aurais parlé de Caridème et d'Aristote, ou de tel autre que tu vois chaque jour dans Athènes. Apprends donc que Pontius est Samnite, et l'un des principaux de sa nation; il est grand ami d'Architas. Il y a quatre jours qu'il est à Tarente pour des affaires de sa république, l'ancienne alliée des Tarentins; et il viendra avec nous et Architas dans Héraclée, où, aux premiers jours du mois prochain, se formeront les assemblées générales des villes d'Italie. Cet homme est doué d'une grande ame et d'un grand cœur. D'abord ses manières un peu rudes ne plûrent ni à moi ni à Néarque; mais peu à peu, en conversant avec lui, j'ai découvert en lui ce qu'on a dit de Socrate, qu'il ressemblait à un de ces sylènes des bois qui, sous les formes d'un gros ventre et d'une physionomie désagréable et ignoble, renferment cependant dans leur sein de belles petites idoles, et mille autres choses rares et précieuses.* Platon dit que tout l'art consiste à

* *Banquet de* PLATON.

savoir ouvrir ces statues grossières. Mais les jeunes gens, en conversant avec les vieillards, se donnent rarement cette peine, parce qu'ils s'embarrassent ordinairement moins de savoir ce que les hommes ont de précieux, que de montrer ce qu'ils ont eux-mêmes. Ainsi ce Pontius tint hier sur la vertu un discours dont la dernière conséquence est cette maxime que tu trouveras écrite au commencement de cette lettre. Son raisonnement bouleversa toutes mes idées. La nuit je n'ai pensé qu'à Pontius et à sa vertu. Je me suis levé de mon lit, je me suis mis à écrire cette lettre; et je l'ai commencée, non pas à ce point auquel commençait véritablement la discussion, mais à celui auquel se trouvaient alors mes idées. Maintenant nous sommes remis sur la voie, et nous continuerons.

Telles furent les premières réflexions que le raisonnement de Pontius fit naître dans mon esprit; et dans le premier moment je fus sur le point de condamner une philosophie qui me paraissait plus grossière que les troncs même dont on disait que ses auteurs étaient nés. L'image de Socrate paraissait à mon esprit ornée des grâces sublimes de Xénophon, de Platon, d'Aristippe..... Et quels noms garantissent la philosophie du Samnite?

Mais, d'un autre côté, Platon a gardé le silence. Architas a approuvé le raisonnement de Pontius..... Vois maintenant quelles sont les différentes opinions des hommes. Je me porte subitement à l'autre extrême..... Socrate aurait-il eu tort? Et Aristophane qui le croyait dangereux pour notre cité, aurait-il eu raison ? En effet, les Athéniens n'étaient-ils pas assez bavards? Est-ce de la controverse que nous avions besoin? Je sais que les intentions de Socrate étaient pures, qu'il voulait faire la guerre aux sophistes plus dangereux que lui : mais en voulant enseigner l'art de la discussion, il en inspira le goût; et ses préceptes devinrent inutiles, parce qu'il est inévitable, lorsqu'on aime trop à disputer qu'on ne dispute souvent très-mal. Puissent les Dieux pardonner à Socrate! Mais qui peut prévoir combien d'extravagances en résulteront dans notre cité?

L'école des Pythagoriciens a tenu une conduite différente; et il semble qu'elle se soit rapprochée de la méthode des Samnites, en ce qu'elle n'a jamais fait naître ni fomenté le goût de la dispute, ni prêché une vertu séparée des soins domestiques : mais ceux qui leur ont succédé se sont mêlés parmi les hommes, et ils ont dit : *Je suis homme, et tout ce qui est humain peut être ou mon droit ou mon devoir.*

Ces réflexions m'ont porté à lire différens ouvrages des Pythagoriciens sur la morale. Je t'enverrai les *Institutions Éthiques* qu'Architas a écrites pour l'usage de son fils. 1) En les lisant, tu verras que la maxime fondamentale de Pythagore est la tempérance et l'amour du travail. Je commence à croire qu'il ne peut y avoir d'autre maxime. On ne parle des Dieux qu'autant qu'il est nécessaire ; et la morale n'est point fondée sur les opinions religieuses, toujours différentes et toujours variables chez tous les peuples. De quelque opinion et de quelque secte que soit un homme, il pourra être Pythagoricien. Au lieu de faire servir la religion à établir la morale, Pythagore fait servir la morale à démontrer la religion : et la religion qui fera du bien aux hommes, sera la seule véritable. C'est ainsi que l'on évite également les deux écueils

1) On les trouvera à la fin de l'ouvrage.

de l'impiété et de la superstition. Le but de cette morale est l'amour de tous les hommes. Pythagore en voudrait faire une seule cité, et s'il était possible une seule famille, au gouvernement de laquelle, comme dit Platon, présideraient les Dieux. Sa morale est faite pour le pauvre et pour le malheureux, auxquels elle offre des consolations continuelles : elle leur inspire un grand courage en montrant que tout le bonheur est dans nous-mêmes; et que, s'ils le veulent, ils ne sont pas moins heureux que les autres qui semblent être plus fortunés. Quel étrange contraste! Pendant que Socrate buvait la ciguë à Athènes, Pythagore recevait des honneurs divins en Italie!

Aussitôt que tu auras lu l'ouvrage d'Architas, tu m'en diras ton opinion. Mais si mon admiration pour cet homme extraordinaire ne me trompe, je n'en trouve point un autre plus propre que lui à rendre les nations meilleures. Quiconque veut que, non ses écrits, mais ses institutions passent à la postérité, doit enseigner une morale pure, parce que sans morale aucune institution civile ne peut durer. Il doit enseigner une morale simple dans ses principes et facile dans son exécution, parce qu'il ne doit pas persuader les savans, qui sont en petit nombre, mais bien le vulgaire, qui seul peut assurer la durée de sa doctrine. Il doit prêcher une morale humaine et établir des maximes d'égalité et de bienfaisance, parce que le plus grand nombre est toujours celui des malheureux; et ceux-ci la suivront lorsqu'il leur sera utile de le faire: le petit nombre des puissans ne pourra point s'y opposer sans rougir. Il doit enseigner une morale indépendante de toutes les opinions. Il y a des idées dont tous les hommes conviennent, et ce sont celles de la morale: il y en a d'autres sur lesquelles, lorsqu'on en est convenu, on peut disputer impunément; et ce sont celles de la morale. Pourquoi donc celui qui veut prêcher la vertu commence-t-il par se faire des ennemis plutôt que des partisans? C'est qu'ils sont bien rares ces hommes qui prêchent la vertu sans avoir de l'ambition, et qui ne préfèrent pas les opinions particulières aux idées générales.

Celui qui instruira les peuples comme Pythagore fera sûrement le bien de l'humanité, et son nom survivra à tous les siècles. Il pourra être condamné à boire la ciguë; mais après que le soleil aura parcouru deux mille fois tous les signes du Zodiaque, quand les descendans les plus reculés de ceux qui l'auront condamné seront morts, et quand d'autres peuples inconnus se seront emparés des terres de leurs ancêtres, cent millions d'hommes prêteront serment sur la coupe sacrée dans laquelle il aura bu le poison. Adieu.

P. S. Ne le sais-tu pas ? il m'est venu dans la pensée d'aller connaître ces Samnites sur leurs propres foyers. Pontius a invité Platon, qui ne s'est pas refusé à cette invitation. Je verrai donc une nation toute entière de Pythagoriciens, et j'assisterai à leurs mariages. Ne te semble-t-il pas que les mariages Samnites sont une heureuse institution ?

CHAPITRE XXV.

VOYAGE DE TARENTE JUSQU'A HÉRACLÉE.

Nous partons de Tarente le matin, et nous nous arrêtons le soir à Métaponte. *

De Tarente au Bradano on compte environ cent trente stades, et environ soixante du Bradano à Métaponte. Le fleuve Bradano prend sa source dans les montagnes des Irpins, et après un cours d'environ cinq cents stades il se jette dans le golfe de Tarente. Ce fut autrefois la limite du territoire tarentin; mais dans la décadence de Métaponte, Tarente étendit son empire.

Métaponte.

Cette ville s'appelait autrefois *Metabo*. Quelques personnes croient que c'était le nom d'un des fils de Sisyphe, premier fondateur de la ville; ** d'autres croient que c'est un nom

* Mazzocchi, *ad* T. H. V. *Voyez* notre Table corographique de la Grande Grèce, et l'*Appendice III.*

** Eustace, *Comment. ad* Dyon.

générique qui signifie *siége*. * On dit qu'après la guerre de Troie, il y arriva une colonie de Piliens. Elle fut pendant quelque temps très-peuplée et très-puissante. Elle posséda tout ce grand espace de pays qui se trouve entre le Bradano et l'Aciri. Après avoir été détruite par les Irpins, elle fut rebâtie par une colonie d'Achéens. On dit que ceux-ci furent en suspens s'ils s'établiraient à Siris ou à Métaponte. Ces deux contrées étaient également fertiles : elles présentaient également des avantages. Les Sybarites, dans le doute, conseillèrent de s'établir à Métaponte. Ils crurent ainsi se mettre à l'abri de la puissance croissante des Tarentins, qui menaçaient d'occuper Métaponte et Siris. En laissant la première de ces villes aux Achéens, les Sybarites espéraient retenir pour eux la seconde ** : précaution inutile; les Tarentins sont les maîtres de Métaponte, et Sybaris n'existe plus.

Si les Sybarites eussent eu du courage, ils auraient dû s'emparer de Siris et de Métaponte;

* Mazzocchi, *ad* T. H.

** Strabon, VI.

et alors ils auraient été respectés comme étant les plus forts. S'ils avaient partagé le pays avec les Tarentins ; ils auraient été amis, comme étant égaux. Entre les villes il n'y a point de milieu, ou une parfaite égalité, ou une supériorité décidée. Dans le premier cas, les villes voisines vous aiment ; dans le second, elles vous craignent. Si à l'ambition vous réunissez la lâcheté, et vous arrêtez au milieu du cours de vos victoires, disant, je suis content de posséder plus que les autres : vous aurez fait tout ce qu'il faut pour être haï, et rien pour être craint ; la guerre sera inévitable, mais la victoire sera incertaine.

J'ai observé à Métaponte la maison qui servait de collége aux Pythagoriciens. C'est une des plus vastes qu'il y ait. On dit que celle de Crotone l'est cependant encore plus ; je le crois : Crotone et Métaponte ont été les berceaux de cette école.* Aujourd'hui cette maison est le lieu le moins fréquenté de la ville.

Il y a dans Métaponte un temple dédié à Minerve. On montre à tous les voyageurs le tom-

* Bauker.

beau d'*Epeus*, et l'on conserve encore les instrumens avec lesquels ce Grec célèbre construisit la machine articifieuse qui servit à détruire Troie. *

Voilà une rareté surprenante, dis-je à Nicoclès, jeune homme de Métaponte et fils de Clitomaque, dans la maison de qui nous logions. Ce n'est pas la seule, répondit-il. Si tu parcours toutes nos villes, tu trouveras dans chacune quelque homme ou quelque chose qui appartient à Troye. Il n'est pas de chef de la Grèce, excepté Ulysse, qui n'ait été, ou foudroyé comme Ajax, ou tué par sa femme comme Agamemnon, ou qui ne soit mort sur les bords du Xante, ou qui n'ait été entraîné par le destin sur cette terre.

Nous avons donné asile également aux Grecs et aux Troyens. — Ceci, dis-je, est bien digne d'observation, et ne peut être arrivé par hasard. — Cela peut être arrivé du consentement de nos premiers sages, qui, voulant se servir des chants d'Homère comme de leçons de mo-

* *Voyez* MAZZOCCHI, T. II..... GOLZ, *de la grande Grèce.* — GRIMALDI, *Annales*, vol. 1 et 2, etc., etc.

rale publique, ont attribué l'origine des villes aux héros qui ont été célébrés par ce grand poète : ainsi l'origine commune augmentait l'intérêt, et l'intérêt augmentait l'attention. Ces anciens sages faisaient usage de la poésie pour instruire les peuples, et inventaient des fables pour mettre la vertu comme en action. Outre les poèmes qu'ils ont composés, ils ont fait des vers destinés à être gravés aux coins de toutes les rues de la ville ; tu en as pu voir beaucoup dans Tarente, et même ici. Ils sont de divers auteurs. Lysidas en a composé plusieurs ; les plus anciens sont attribués à Pythagore : tous s'appellent *vers dorés*. Ce sont des maximes courtes, renfermées dans des vers faciles à comprendre et à retenir. *

Les peuples ont besoin de la morale mise en raisonnement, et de la morale mise en fable. La première ressemble aux grandes monnaies d'or,

* Il y a un recueil de ces vers. *Voyez* Brukker et Fabricius, sur leurs auteurs et sur l'usage auquel servaient ces vers. On voit évidemment que plusieurs de ceux dont nous nous servons sont postérieurs de beaucoup au siècle dont nous parlons.

qui souvent sont inutiles pour les usages de la vie qui demandent de petites mounaies. —

Ainsi donc, lui dis-je, crois-tu que les poèmes d'Homère aient été écrits en Italie? — Je ne sais ce que je dois en penser ; je sais seulement ce que je n'en dois pas croire. Tu me dis qu'Homère était de Smyrne, d'Athènes, de Colophon. Il n'est pas une seule ville de la Grèce qui ne se vante d'être sa patrie. Or, comme de ces cent villes il n'en est qu'une qui puisse avoir raison, je dis que quatre-vingt-dix-neuf villes mentent; et si un tel nombre a menti, pourquoi croirais-je qu'il y en a une qui ne puisse mentir? — Parce qu'il faut qu'Homère soit né en quelque lieu. — Qui peut le nier? Il a pu naître dans toute autre ville que celles qui se vantent de lui avoir donné le jour. — Mais quel écrivain de l'antiquité l'atteste? — Il n'est pas nécessaire que les autres le disent. Je le dis, et je crois être aussi digne de foi que tant d'autres qui le diraient. Si un autre l'affirmait, qu'aurions-nous de plus pour décider nos doutes? Aujourd'hui nous comptons cent opinions; alors nous en compterions cent et une : tu vois bien que l'incertitude serait augmentée, et rien de plus. Notre esprit, au lieu de gagner, aurait perdu. Que feras tu alors ? Donneras-tu comme preuve l'autorité d'un autre homme qu'il a plu au hasard de faire vivre avant la naissance de ton père? L'on t'opposerait l'autorité de cent autres contemporains de ton aïeul. Diras-tu que l'auteur que tu cites est ancien? Les cent autres seraient aussi anciens. Opposerais-tu que ton opinion est plus digne de foi? On te demanderait un fait qui démentît ce que les autres croient. Enfin, de toute manière, ou tu devrais abandonner les opinions d'autrui, ou tu serais obligé de les soutenir par des preuves tirées du fond de ta raison. Suis donc dès le principe ta propre raison; donne ta pensée pour autorité de ce que tu crois, et laisse de côté les opinions de ceux qui sont morts avant toi.

Qu'importe que l'on soit ancien ou moderne? Tu ne dois croire au dire d'autrui, que quand il s'agit d'une chose que tu ne peux savoir et que d'autres savent. Maintenant veux-tu voir que tous ceux qui ont écrit sur Homère n'en savaient rien? Dis-moi : doute-t-on dans la Grèce de la patrie de Pindare? Non. — Et si les Spartiates s'élevaient pour soutenir que Pindare était né dans la Laconie, tous les autres Grecs attesteraient contre eux que cet homme appartient à Thèbes, et montreraient sa maison, qui y existe encore; l'on nommerait ses parens, et l'on rappellerait tant d'autres monumens qui décideraient la question. Quand on peut savoir la vérité, ou il ne s'élève point de disputes, ou elles sont bientôt terminées. N'es-tu pas du même avis? — Où m'entraînes-tu Nicoclès? Mais prends garde que tu parles de choses présentes. — Qu'importe? Crains-tu qu'il puisse naître dans les siècles à venir des disputes sur la patrie de Pindare? Si les contemporains sont d'accord sur un fait, la postérité le sera aussi, parce qu'elle aura toujours la tradition de ceux-ci pour guide. — Tu crois donc que les écrivains qui parlent d'Homère étant si nombreux et leurs opinions si différentes, aucun d'eux n'a été son contemporain, aucun n'a eu à suivre la tradition de quelqu'un d'entre eux? Mais de combien d'années crois-tu qu'Homère a précédé ces écrivains? —Qui le sait? Et à quoi servirait-il de compter les olympiades? Quand la continuation des traditions et des souvenirs cesse, tous les temps deviennent infinis, parce qu'on ne peut plus les mesurer. — Mais enfin que penses-tu d'Homère? — Je me moque de ceux qui croient en savoir quelque chose; et je me moque beaucoup plus de ces autres, qui croient que donner un démenti à quelqu'une de leurs opinions c'est le donner à la raison humaine.

En parlant ainsi, nous avancions vers le sommet d'une colline, d'où la vue dominait tout le cours sinueux du *Casuento*, 1) qui coule près des murs de Métaponte; ainsi que le magnifique et vaste demi-cercle que forment, entre l'occident et le nord, les montagnes qui commencent au territoire des Irpins, marquent les limites des Lucaniens, et se prolongent jusqu'à la mer, d'où, reprenant leur chaîne, elles s'étendent jusqu'à la pointe méridionale de l'Italie. Asseyons-nous, dit alors Nicoclès; jouissons du spectacle d'un vaste horizon. Tu vois à tes pieds cette contrée qu'on appela d'abord *Chonia*, et ensuite *OEnotria*, et qui porta peut-être

1) Aujourd'hui *Vasiento*.

la première le nom d'Italie.* On raconte que Saturne commença à régner ici, et qu'il introduisit parmi les habitans encore sauvages l'art de semer le blé et de planter la vigne. La fertilité de ce pays, l'abondance du blé et du vin, l'excellence des troupeaux qui paissent dans ses gras pâturages, lui donnèrent le nom que je t'ai dit.** C'est dans ce pays qu'a existé ce bel âge d'or. Oh combien les temps sont changés! Combien de peuples se sont succédés les uns aux autres, en accumulant tous les jours de nouvelles calamités sur une terre qui paraissait destinée par la nature à rendre ses habitans heureux! —

O Nicoclès! repris-je, tu ne m'échapperas point; je ne saurais rester dans l'incertitude dans laquelle tu me laisses sur le compte d'Homère. — Il répondit: Tu ne sais pas peut-être que tu es ici, comme Jupiter, sur le sommet du

* Mazzocchi, *ad T. H.*

** L'étymologie d'Italie est *Vitello*. OEnotria dérive de *Vino*, et de *Triticum*, qui est l'espèce de blé propre à ce terrain. *Voyez* Pline. Chono est le même que *Crono* ou Saturne. *Voyez* Mazzochi, *ad T. H.*

mont Ida. Tu as sous tes pieds les Grecs et les Troyens. Cette terre a recueilli les uns et les autres : tu le sais. Porte tes regards aussi loin que tu pourras vers le midi : la contrée la plus éloignée de celles que tu vois sur les bords de la mer est *Leutarnia ;* un peu plus loin était bâtie Héraclée. C'est-là que Calchas fut jeté par le destin. Les Troyens habitaient déjà dans cette contrée, et leur ville avait le nom du promontoire de Sigée, si fameux dans l'histoire de Troye. Là, Calchas fut tué, parce que, raconte-t-on, il ne sut pas deviner le nombre des figues qu'il y avait sur un arbre.* — Nous autres, dans la Grèce, nous ne savons rien de tout cela. — Ce n'est pas étonnant ; nous avons plus de fables homériques que vous. Les nôtres commencent où les vôtres finissent. Il est probable qu'il y eut une époque où elles furent mêlées et réunies. Elles ont formé l'histoire commune à un plus grand nombre de peuples, et d'une plus vaste étendue de pays, qui comprenait tout ce que nous distinguons aujourd'hui en autant de contrées qu'il y a des enfans d'Hélénus. Si cette

* *Lycophron*, *sur Cassandre. Voyez* MAZZOCHI.

histoire eût été la vôtre, vous n'en sauriez pas seulement la moitié. Or voilà que vous ignorez même quelle fut la mort de Calchas. Mais il a pu arriver que de toutes les anciennes histoires, chaque peuple ait retenu seulement celle qui concernait ses ancêtres et la terre qu'ils habitaient : ainsi d'un seul Homère l'on en aura formé plusieurs. D'après des traditions aussi opposées, tu diras, sans doute : Le nôtre a été le premier. Moi, au contraire, je te demande si tu crois qu'à l'époque de la guerre de Troye lès hommes aient su écrire. — Je te dirai que malgré ce qu'on dit de Cadmus et de ses lettres phéniciennes, Homère nous porte à croire le contraire. * — Combien crois-tu qu'il doit s'écouler d'années pour qu'un peuple apprenne l'écriture? — Un grand nombre. — Et combien en faut-il pour qu'on voie naître parmi ces peuples les arts qui sont postérieurs à l'écriture, la peinture, la sculpture? — Presque autant. — Or apprends qu'à l'époque où vous dites qu'Homère a vécu (et je veux suivre en cela l'opinion des moins insensés de vos rapsodes),

* Isaac Vossius. — Rousseau, *sur les Langues*.

quatre cents ans après la guerre de Troye, vous deviez à peine commencer à écrire; et nous autres nous avions non-seulement le chant et l'écriture, mais encore des tableaux et des statues représentant des héros et des événemens de cette guerre fatale, statues d'autant plus belles qu'elles sont admirées encore de nos jours. * Ne te semble-t-il pas probable que les poèmes d'Homère ont été chantés et écrits en Italie avant de l'être en Grèce? — Je ne te nierai pas qu'ils ont pu être écrits auparavant parmi vous. Nous savons que les chants qui composent aujourd'hui l'*Iliade* étaient répétés par les chanteurs, et que le premier qui les recueillit et les mit en ordre fut Lycurgue : Pisistrate acheva l'ouvrage. Mais qu'importe tout cela? qu'ils soient écrits dans un siècle ou dans un autre, nous avons toujours les chants d'Homère. — Soyez sincères : vous croyez les avoir. Que serait-ce si je vous démontrais que les chants écrits du temps de Pisistrate, ceux enfin que vous avez aujourd'hui, ne peuvent pas être les anciennes poésies qu'Homère a composées?

* PLINE, XXXV. — 3.

Ce que je dis te paraîtra étrange, et cependant il n'y a rien de plus vrai. Toutes les langues subissent des changemens, qui sont d'autant plus sensibles et plus fréquens, que la langue est plus près de son origine. Quand une langue est parvenue à la perfection, elle se fixe, c'est pour plusieurs siècles. Nous avons entièrement changé de langage : nous avons le nouveau et le vieux Dorique. * Celui-ci n'est pas compris par tous : personne ne l'écrit ni ne le parle. Vous tous, vous entendez Homère ; vous parlez, vous écrivez tous comme il a écrit. Donc votre langue n'a point changé; donc Homère est plus près de vous que de l'origine de la langue. Dioclès écrivit les lois de Syracuse, il y a environ cent cinquante ans: et les lois de Dioclès ne se comprennent plus; elles ont eu besoin d'un interprète. ** Vous lisez Euripide et Homère, et vous les comprenez tous les deux avec la même facilité. Si d'ici à deux mille ans on ignorait la patrie et l'époque à laquelle ils vécurent ; s'il n'y avait

* Mazzocchi, *ad T. H.*

** Voyez l'*Appendice III.*

pas quelque différence produite par la variété de leurs dialectes : crois-tu qu'on pourrait dire qu'Homère est plus ancien qu'Euripide? Les chants d'Homère doivent être moins anciens que les lois de Dioclès. Je ne dirai pas qu'ils sont aussi anciens, parce que dans les lois on exige plus de clarté que dans un poème; car il est possible que, parmi nous, le changement de la langue ait fait des progrès plus rapides que parmi vous. Mais nous sommes toujours au siècle de Pisistrate.

Je voulais faire encore plusieurs questions; mais, en se levant et reprenant le chemin de la ville, Nicoclès me dit : Ne me demande pas autre chose. Je t'ai dit que je ne savais rien. Réponds auparavant à ce que je t'ai demandé. Démontre-moi que quelques-unes des propositions que je t'ai avancées sont fausses, et alors nous continuerons de raisonner. Il serait insensé de rechercher combien il y a d'opinions qu'on puisse suivre, et de ne savoir jamais quelles sont celles qu'on doit croire. Ce serait comme si on savait beaucoup de choses, et toutes très-mal.

Mais cependant je désirerais savoir par quelle raison tu es porté à croire qu'Homère était italien ? — C'est-à-dire que les fables d'Homère aient été écrites en Italie? Je te l'ai déjà dit, c'est que les Italiens les ont connues et les ont pu écrire avant vous. Les Italiens ont créé la poésie d'Orphée. Celui qui a créé l'ancien, pourrait bien encore créer le moderne. Nos Pythagoriciens ont été accusés d'avoir composé beaucoup de poèmes, et de les avoir débités sous le nom d'Homère. * Celui qui a fait dix vers a pu encore en faire mille.

Le soir nous racontâmes notre conversation à Platon, à Architas et à quelques autres amis qui étaient avec nous à souper. Ces sages applaudirent au génie de Nicoclès ; mais celui-ci répondit : J'ai tort d'avoir perdu à disputer deux heures qu'on pouvait donner à la lecture d'Homère. Sur la colline où nous nous sommes assis, il n'y avait rien de mieux à faire que de lire ces beaux vers dans lesquels le plus vrai et le plus habile peintre de l'histoire de l'antiquité décrit les caresses que Jupiter fait à Junon sur le mont Ida. Mes amis, expions ce sacrilège ; faisons une libation en l'honneur d'Homère. Il

* FABRICIUS, B. G.

cache sa source comme le Nil sacré; mais l'origine de ses eaux est céleste. — Et tous, en l'honneur d'Homère, nous bûmes le délicieux et généreux vin de Mamerte. *

Héraclée.

De Métaponte à Héraclée il y a une distance de cent quarante stades. Après le petit fleuve Casuento, on passe l'Aciri, rivière plus grande, très-navigable, et servant de limite au territoire d'Héraclée.

C'est la plus moderne des villes qui sont sur le bord de la mer. Les Tarentins et les habitans de Turium se disputaient entre eux la domination de la contrée, entre l'Aciri et le Ciri. Sur les bords de ce fleuve, il y avait une petite ville qui en portait le nom : les Tarentins s'en emparèrent et fondèrent cette nouvelle cité, à laquelle ils donnèrent le nom d'Héraclée; Ciri forme toujours son port. **

Cette ville est le terme du voyage d'Architas et de Pontius. L'assemblée des députés des villes

* Athénée, I, 24.

** Strabon. VI. — Mazzocchi, *ad T. H.*

italiennes s'y formera dans peu de jours. Il me semble assister aux jeux olympiques. On trouve réunies les personnes les plus remarquables dans toutes les villes par la science et le pouvoir ; il y a une réunion immense de peuple, et on voit les jeux, les spectacles qui suivent toujours les grands rassemblemens. . . . .
. . . .

Ici le texte est interrompu : nous ne savons rien de ce qu'on discuta dans les assemblées d'Héraclée. Les autres historiens qui ont raconté les événemens de ces temps et de ces contrées ne sont point parvenus jusqu'à nous, à l'exception de Diodore de Sicile et de Justin, dont on n'a recueilli que des mémoires interrompus et obscurs.

L'histoire de la grande Grèce avant Anaxilaüs est presque fabuleuse. Il paraît que Sybaris, Crotone, Locres et Métaponte avaient la suprématie sur toutes les autres villes. Mais à l'époque d'Architas, Sybaris n'existait plus, et Métaponte était sous la domination des Tarentins. Anaxilaüs éleva Reggium au plus haut degré de puissance. Il se rendit maître de Messine, assiégea Locres, et peut-être sans la médiation d'Hiéron, roi de Syracuse, il l'aurait prise. Il vainquit les Crotoniates et essaya de faire rebâtir Sybaris, en rappelant les habitans dispersés, pour relever ainsi une rivale de Crotone. Là où il ne put réussir par la force des armes, il essaya le moyen du commerce ; il établit une colonie à *Pixonte*, sur la côte de Lucanie, en face de la mer Tyrrhénienne.

Il paraît qu'à cette époque se formèrent les premiers germes de ces discordes, de ces guerres, qui depuis lors ont déchiré et détruit la grande Grèce. Les confédérations sont en dissolution lorsque les gouvernemens qui les composent sont tous différens, et que dans l'un d'eux s'éveille l'ambition des conquêtes. Anaxilaüs ne put achever l'entreprise qu'il avait formée de réunir sous un seul gouvernement la grande Grèce. Il laissa en mourant ses enfans sous la tutelle de Micitus, homme qui doit avoir été doué de vertus infinies, puisque, étant esclave, il sut inspirer tant de confiance à son maître et tant d'admiration aux Reggiens, que l'un lui confia le gouvernement d'une ville qui se souvenait encore de sa liberté et que les autres le supportèrent et s'y affectionnèrent même*. Mais Hiéron, jaloux de la grandeur de Reggium, séduisit les jeunes fils d'Anaxilaüs, et les excita à secouer le joug de l'esclave devenu leur maître. Micitus se retira en Grèce. Les jeunes gens abusèrent de leur pouvoir et le perdirent. Mais Reggium ne recouvra plus son ancienne et sage liberté. Elle ne conserva de sa première puissance que la corruption des mœurs au dedans, et au dehors la jalousie des peuples ses égaux, et la haine des peuples plus faibles.

Denys se rendit maître de Messine, et les Reggiens devinrent jaloux de la puissance de Syracuse, comme celle-ci était devenue jalouse de la puissance de Reggium.

* Justin, IV. — Macrobe, *Saturnal*, 1. 2. — Diodore, XI, 37.

Cependant Denys rechercha leur amitié; d'un côté, parce qu'il craignait encore les Carthaginois, de l'autre, parce qu'il voulait tenir une porte ouverte pour rentrer en Italie. Il n'y avait pas de ville qui fut plus favorable à ses projets que Reggium. Il demanda une Reggienne pour l'épouser. On lui répondit qu'on n'avait d'autre femme à lui donner que la fille d'une esclave. Cette réponse fut regardée par plusieurs comme héroïque; elle était imprudente.

Denys se tourne vers les Locriens. Ceux-ci étaient ennemis des Reggiens, et ils étaient gouvernés par une olygarchie illimitée. Comme ennemis des Reggiens, ils furent contens de cette alliance d'un homme puissant qui pouvait les venger; comme olygarques, ils furent fiers de la parenté d'un roi. Ce n'était pas la première fois que les intérêts de l'état avaient été sacrifiés aux intérêts de famille.

Denys déclare la guerre à Reggium. L'histoire nous rapporte que cette ville avait soixante-dix galères; et cela peut nous donner une idée de sa puissance maritime. Ses forces de terre devaient être à peu près égales. Les premières tentatives de Denys furent faites par mer et n'eurent aucun succès. Les Reggiens se réunirent avec et les Crotoniates, avec les Thuriens, les Caulonites et les Métapontins. Nous savons que les Thuriens mirent alors sur pied une armée d'environ seize mille hommes.

La fédération générale des Grecs fut alors entièrement dissoute. Pendant la guerre du Péloponèse, les Spartiates et les Athéniens avaient semé les premiers germes de division parmi nos peuples, en rappelant leur ancienne origine, d'après laquelle toutes les villes qui se regardaient comme des colonies achéennes demeurèrent dans le parti des Athéniens; et toutes les autres, qui se regardaient comme des colonies doriques, se rangèrent du côté des Spartiates. *

Denys fomenta des préjugés qui, en augmentant la division parmi les Italiens, lui rendirent plus facile la voie de la conquête. Denys débarqua ses troupes à Locres, assiégea Caulonia et la prit, s'empara aussi de Vibonnia, qui était sur les bords de la mer Tyrrhénienne, et donna ces deux villes aux Locriens. Quoique l'histoire ne le dise pas ouvertement, on doit cependant supposer que Denys devint lui-même maître de Locres, qu'il traita très-durement. Il dépouilla le temple de Proserpine, qui appartenait aux Locriens, ses amis, de la même manière qu'il avait spolié celui de Junon Lacinie, qui était sur le territoire des Crotoniates ses ennemis. Ils sont connus les excès de la honteuse tyrannie qu'exerça dans Locres Denys-le-jeune. Il paraît que les Locriens se repentirent d'avoir invité le tyran de Syracuse à soutenir leur cause; mais leur repentir fut tardif. Il arriva alors, par leur imprudence, ce qui est inévitable toutes les fois que les nations, oubliant leur propre vertu, veulent mendier chez les autres des secours pour soutenir leurs passions.

Denys fut vainqueur des alliés des Reggiens, et leur imposa la condition de rester neutres. Il assiégea Reggium,

* Thucydide lui-même en fait mention.

qui, ne pouvant se défendre, obtint la paix à condition de payer à Denys trois cents talens, et de consigner dans ses mains tous les vaisseaux. Mais deux ou trois années après, Denys, sous de frivoles prétextes, déclara de nouveau la guerre. Le tableau des misères auxquelles Reggium fut réduit par des siéges, et des cruautés que Denys y commit après s'en être rendu maître, est horrible.

Denys, pour augmenter ses forces, excita les Brussiens à se révolter contre les Lucaniens. J'ai des motifs de croire que ce fut alors que les Brussiens commencèrent à figurer comme nation indépendante; et que ce furent eux et non pas les Lucaniens, avec qui on les confond souvent, qui se coalisèrent avec Denys et défirent l'armée des Turiens. Le soulèvement des Brussiens fut une insurrection en faveur de la liberté. Il paraît qu'elle fut poussée jusqu'à ces extrêmes qui touchent à l'anarchie, et qu'elle se communiqua à plusieurs autres villes, particulièrement à Héraclée, où le peuple extermina tous les grands, et entr'autres Philolaüs, accusé d'ambitionner la tyrannie. Cette partie de nos annales est la plus confuse et la plus obscure.

Les Pythagoriciens devaient être les ennemis de Denys, parce qu'ils étaient ennemis de cet esprit d'ochlocratie que Denys et les Brussiens ne cessaient de fomenter, et parce qu'ils prêchaient l'union entre tous les peuples de l'Italie. L'histoire nous a conservé quelques traces des persécutions et des soulèvemens que Denys excita partout contre les Pythagoriciens. Polien nous raconte qu'*Euphemus*, chef du collége pythagoricien dans Métaponte, s'attira la colère de Denys, précisément par les maximes qui s'opposaient aux desseins du tyran. C'est ce même Euphemus qui, condamné à mort, demanda trois mois de temps pour pouvoir aller à Samos, sa patrie, et mettre ordre à ses affaires. Son ami Euritas se constitua prisonnier pour lui. Euphemus tarda quelques jours à revenir; et son ami serait mort, si l'exemple de tant d'amitié et de tant de dévouement n'avait ému Denys de manière à lui faire désirer d'être regardé comme leur ami.

Denys, la tête remplie de vastes projets, ne put se renfermer dans les limites de la Grande Grèce. Il déclara la guerre aux Etrusques et saccagea le temple d'Argilla. Les Syracusains étaient déjà maîtres d'Ischia. Denys forma des colonies sur l'Adriatique, et il est très-probable que la ville d'Ancône a été fondée par lui. Il prit à sa solde une partie de ces Gaulois qui avaient été défaits dans Rome. Toutes ces conquêtes ne pouvaient qu'exciter contre lui une grande jalousie, même dans l'esprit des peuples continentaux; et c'est peut-être là le motif pour lequel nous voyons prendre parti, dans les assemblées même, ce Pontius qui était le chef de la république des Samnites. *

* Diodore *de Sicile*. — Justin. — Polien. — Strabon, VI etc. etc. — Murisani, *sur les marbres de Reggium*. — Grimaldi, *Annales*, *vol.* 1, 2. — Voyez l'*Appendice III*.

CHAPITRE XXVI.

PLATON A CRITON.

ÉLOGE DE PHILOLAUS.

Tu as rendu les derniers devoirs au plus sage des Grecs. Tes mains fermèrent ses yeux : c'est à toi que s'adressèrent ses dernières paroles. * Ecoute l'histoire d'un sage d'Italie, ami pendant toute sa vie de notre Socrate, et qui fut comme lui l'ami des hommes et la victime de leur ingratitude : je te parle de Philolaüs, que peut-être toi-même tu as entendu discourir plusieurs fois dans Athènes avec Socrate. Il a été mis à mort par le peuple d'Héraclée dans cette dernière insurrection que quelques scélérats formèrent il y a quelques années contre les Pythagoriciens, lorsque nos amis Architas et Timée eurent tant de peine à sauver leur vie en se réfugiant chez

* Platon, *dans le Phædon.*

les Lucaniens, et que Lysidas et tant d'autres furent obligés de se retirer dans la Grèce.

Les Pythagoriciens ont la coutume de se réunir chaque année, un jour désigné, en assemblée solennelle, pour faire l'éloge des hommes illustres qui sont morts dans le cours de l'année. Cet usage utile, interrompu depuis quelque temps par les malheurs publics, a été repris après le rétablissement de l'ordre. L'époque de cette solennité s'est trouvée précisément le jour que l'on tenait à Héraclée les assemblées générales; et les Pythagoriciens de cette ville y ont invité Architas, Pontius et moi, ainsi que plusieurs autres personnes qui se trouvaient ici à cause des assemblées. Architas a été désigné, comme par une marque d'honneur, pour prononcer cet éloge; et Architas a bien voulu célébrer Philolaüs.

Au point du jour, nous nous sommes trouvés réunis au muséum. On voyait le temple dans lequel nous étions rassemblés, entièrement orné de festons, de myrthes et de branches d'olivier. Les Pythagoriciens ne font point usage du cyprès. * Sur la porte on lisait ces paroles:

* Diogène Laerce.

Nous croyons que les ames des sages ne meurent point avec leurs corps, mais qu'elles survivent et se réunissent aux Dieux.

Sur un des côtés de la salle du muséum on lisait : *La vertu et la vérité sont la vie de l'ame ; celui qui les a aimées vit éternellement.* De l'autre côté on voyait ces mots : *Celui-là seul doit craindre la mort, qui, en mourant, ne peut sans honte se rappeler comment il a vécu.*

On commença par adresser des prières aux Dieux. On brûla de l'encens sur l'autel qui était au milieu de la salle ; ensuite l'on entendit une musique propre à inspirer ce recueillement et cette tristesse qui n'abaissent point l'ame jusqu'aux pleurs et aux lamentations des femmes, mais qui seulement l'éloignent de cette intempérance de gaieté qui rend si souvent inutiles les leçons de la sagesse. Tout rappelait une grande pensée qui ne devrait s'oublier jamais ; mais cette pensée n'avait en elle-même rien de terrible et de déchirant. Enfin Architas monte à la tribune, et prononce cette oraison funèbre que je vais vous transmettre ici toute entière.

« L'homme dont je vous parlerai et qui fut mon ami et le vôtre, est aujourd'hui dans la région des bienheureux, avec Pythagore, Zénon, Parménide, Ocellus et Socrate. Il est réuni aux sages et aux hommes justes de tous les pays et de tous les siècles. Il contemple à découvert cette vérité, dont un simple rayon suffit pour nous guider et nous encourager au milieu des ténèbres et des misères de cette vie. Il a commencé véritablement à exister le jour seulement qu'il nous fut enlevé. Il me semble le voir, au sein du bonheur, se retournant vers nous, qui étions ses amis, et ayant pitié de notre état misérable, nous pressant et nous appelant à une meilleure vie. Quel besoin pourrait avoir Philolaüs de nos pleurs et de nos éloges? Transmettons à ceux qui n'ont pas eu le bonheur de le connaître l'exemple de ses vertus; conservons-les vivantes dans nos cœurs; racontons-les à nos enfans. Peut-être un jour elles auront la force de retirer quelque malheureux du chemin du vice et de la lâcheté. Voilà tout ce que peut voir de plus agréable celui qui ne vit plus que de la contemplation de l'ordre éternel de toutes choses. L'instruction de ceux qui sont encore à naître doit être le premier objet de celui qui loue ceux qui ne sont plus. Les temps auxquels la fatalité nous a réservés sont difficiles. Le siècle dernier a corrompu nos cœurs; celui dans lequel nous vivons menace de corrompre même l'esprit de nos enfans. Nous avons perdu l'amour de la vertu; ils courent même le danger de n'en pas avoir de modèle. Déjà, semblable à la malfaisante vapeur qui, s'élevant de la mer Ionienne, est si fatale à nos plantes, l'on voit pénétrer dans le cœur de nos jeunes gens une nouvelle doctrine corruptrice et ennemie de toute élévation de sentimens; déjà le vulgaire commence à séparer la vertu du bonheur, et en rappelant le sort misérable de Zénon, de Philolaüs, de Socrate, il se demande à lui-même : *Quel est donc le prix de la vertu?* .....

.....« *Quel est donc le prix de la vertu?* .... Jeunes gens qui m'écoutez, c'est à vous que j'adresse mon discours. Pour nous autres vieillards, malheur à nous si jusqu'à présent nous ne l'avons pas encore compris! Voulez-vous savoir quel est le prix de la vertu? Ne vous attendez pas que je vous indique comme tels des commandemens militaires, des magistratures suprêmes, l'opinion favorable de vos concitoyens, une longue et tranquille vieillesse; genre de biens qui tous sont dus à la vertu, que la vertu obtient quelquefois, mais qui dépendent de l'aveugle fortune. Rien ne peut appartenir à la vertu, de tout ce qui n'est pas éternel comme elle. L'erreur la plus funeste dans laquelle les hommes puissent tomber, est de croire que la vertu n'est autre chose que ce misérable prix à espérer : quand il arrive que par le malheur des temps ces biens viennent à leur manquer, ils se découragent et abandonnent la vertu, qu'ils voient poursuivie par le malheur. Mais si vos esprits s'accoutumaient à distinguer la vérité, vous verriez que sans la vertu tous ces dons ne sont rien; qu'ils sont funestes à l'homme qui ne sait pas en faire usage, et que la vertu a en elle-même un autre prix plus assuré et plus grand, qui suffit seul pour la rendre heureuse. Serez-vous donc éternellement enfans? croirez-vous, comme les enfans, qu'une médecine qui n'est pas adoucie avec du miel n'ait pas d'utilité qui lui soit propre? De là vient qu'au lieu de vous voir penser sans cesse à ces exemples du bonheur attaché à la vertu (exemples que vous présentent vos nourrices, qui de cette manière semblent vous exciter en apparence à la vertu, mais qui vous en éloignent réellement, puisqu'elles vous amollissent et vous ôtent cette énergie et ce courage sans lequel il n'y a pas de vertu véritable et constante), j'aimerais mieux vous rappeler tous les jours les exemples de ceux qui suivirent constamment la vertu au milieu des plus grands malheurs, et qui n'en furent détournés, ni par les menaces, ni par les présens des peuples et des rois, ni même par la mort. Je vous croirai vraiment vertueux quand je reconnaîtrai en vous le courage nécessaire pour mépriser les maux que redoute la faiblesse des femmes, et la sagesse capable de sentir au milieu de ces maux même la grande félicité intérieure dont les Dieux n'ont jamais manqué de faire jouir la vertu. On a dit chez les anciens qu'il n'y a pas de spectacle plus agréable aux Dieux que celui d'un homme vertueux luttant contre l'infortune. J'ajoute qu'il n'y a pas d'exemple plus utile aux hommes.

« L'ame de Philolaüs plana comme un aigle sur le vaste champ de la vérité. Tant que le soleil répandra sa lumière sur la terre, il attestera à la face des hommes, que c'est Philolaüs, qui, ayant réfuté le premier les anciennes erreurs, l'a placé dans un rang digne du plus grand ministre de la nature. Mais ce n'est point de l'astronome que je vous parlerai. Philolaüs fut juste et malheureux; sa patrie fut ingrate, et il ne cessa jamais de l'aimer : voilà ce qu'il est indispensable de rappeler. Comme nos passions sont les causes éternelles de nos erreurs, les hommes qui, comme les plus désintéressés, sont d'accord sur les vérités du monde physique beaucoup plus que sur les vérités du monde moral, pourront se souvenir un jour de Philolaüs l'*astronome* et oublier Philolaüs *le juste*.

» Pendant que nous parlons de lui, et que nous discutons pour savoir si Philolaüs fut injuste ou si les habitans d'Héraclée furent ingrats, voilà que la postérité est à la porte de ce temple, tenant en main ses registres éternels, et attend notre jugement, pour voir si elle doit graver aussi le nom de Philolaüs parmi ceux qui doivent être proposés comme exemples à nos enfans et à nos neveux. Elle nous dit à nous tous qui sommes rassemblés ici : Vous m'avez confié le soin de former, par les exemples des anciens, les esprits de ceux qui devront, dans la génération suivante, porter votre nom; vous désirez qu'ils vivent heureux et que vos noms restent en honneur : ainsi prononcez votre jugement, et je leur transmettrai ces exemples que vous proposerez vous-mêmes.

» Que répondrons-nous, ô mes amis, à la postérité qui nous interroge? Quel sera parmi les ouvrages de Philolaüs celui que nous regarderons comme le plus utile à transmettre à nos enfans et à nos neveux?..... Ame universelle qui triomphes des années et des passions des hommes! puisque tu as tant d'affection pour ceux que nous aimons autant que nous-mêmes; nous tous qui sommes ici pleins de reconnaissance pour tes bienfaits, nous te prions de transmettre à leurs enfans et à leurs neveux tout ce que je vais te dire.

» Raconte donc que Philolaüs vivait tranquille dans Crotone, sa patrie, content de rechercher la vérité et de pratiquer les vertus domestiques. Héraclée, élevée depuis peu d'années sous les auspices de Tarente, n'avait encore ni lois ni mœurs; et les habitans d'Héraclée crurent que, pour mieux régulariser les unes et les autres, il leur fallait un collége pythagoricien et un législateur. Ils appelèrent Clinias de Tarente et Philolaüs de Crotone, auxquels ils confièrent la direction des affaires publiques. Ils virent Philolaüs conduisant leurs armées, et il fut le valeureux défenseur de leurs intérêts auprès des puissans peuples leurs voisins : il fut fidèle et prudent. Arbitre de tous leurs jugemens publics et particuliers, il fut incorruptible, cet homme qui pendant vingt années avait été l'unique régulateur d'une ville populeuse, riche et puissante. Être suprême! rappelle son souvenir à nos descendans! Cet homme est mort dans l'indigence, et nous avons vu sa famille errante dans l'Italie, mendiant de la pitié des amis de leur père de faibles secours pour soutenir son existence.

» Mais les Dieux préparaient contre les Italiens l'exemple d'une grande punition. Les maux qu'avait faits Denys par la guerre ne suffisaient pas. Vainqueur des Reggiens, ami et allié des Locriens, maître de Caulonia, il voyait que la puissance des Lucaniens formait un obstacle insurmontable à l'exécution de ses desseins. Pour affaiblir cette puissance, il tente d'exciter dans les ames des Brussiens le désir dangereux de porter de nouvelles lois, afin de produire le mécontentement général contre les anciennes, l'inimitié et la discorde entre les citoyens, la désobéissance et la faiblesse dans la masse entière du peuple.

» Je vois ici un grand nombre de Brussiens, mais leur présence ne m'empêchera pas de dire ce que je crois vrai; et je le dirai d'autant plus volontiers, que l'expérience de plusieurs années a dû les convaincre qu'on n'améliore le sort des cités et des citoyens, ni par les révolutions, ni par les guerres civiles. La guerre était déjà allumée en Italie par l'imprudence des Locriens. Vous autres Brussiens, vous commençâtes à vous enthousiasmer d'un nouvel ordre de choses, oubliant que le meilleur est celui auquel les citoyens obéissent le mieux. Il vous fut facile de renverser les lois déjà établies. Vous fûtes tous d'accord tant qu'il ne s'agit que de détruire et de vous séparer des Lucaniens : mais à peine vous essayâtes de reconstruire, qu'il s'éleva une foule de passions particulières qui jusqu'alors ne s'étaient pas montrées. Chacun n'écouta plus que son intérêt; et ceux mêmes qui n'en avaient aucun s'agitèrent, excités qu'ils étaient par les fausses promesses que leur faisaient les ambitieux. Alors quiconque n'estima plus sa vie devint le maître de celle des autres; quiconque avait moins à perdre eut plus à espérer ; celui qui avait moins d'intérêt à faire le bien eut plus d'impudence à faire le mal. Cette dernière classe du peuple qui n'avait ni propriété, ni bon sens, ni vertu, devint l'arbitre de tout, l'idole de tous les puissans. Les uns lui promirent une division générale de toutes les terres; les autres une égalité insensée de tous les droits ; tous promettaient les dépouilles de ceux qui gémissaient sur les maux de la patrie : et c'était là l'unique avantage que le peuple comprenait, le seul qu'il désirait, et par lequel, au milieu de tant de faiseurs de promesses, le dernier et le plus insensé était le plus applaudi. Ainsi s'évanouit toute espérance de liberté. L'étranger sourit au spectacle de vos barbares folies. Les scélérats crurent avoir un moyen de se rendre chers au peuple sans avoir ni courage ni vertu. Ceux qui n'avaient rien à perdre, s'aperçurent qu'il pouvait y avoir une guerre plus lucrative que celle qu'on faisait aux ennemis de la patrie.

» Semblable au torrent dévastateur, l'exemple

inonda toutes les villes voisines. Turium éprouva la fureur de vos armes, Héraclée fut troublée par la contagion de vos opinions. C'est en vain que Philolaüs opposa et son génie et son bras : c'est en vain qu'il dit qu'il n'y avait d'autre liberté que celle de la raison et des lois, d'autre égalité que celle de la vertu ; que toutes les autres folies finissaient toujours par rendre la tyrannie inévitable et presque nécessaire.

» Il vient aussi pour les nations une époque de maux irrésistibles, une époque à laquelle toute la force est dans la main de ceux qui n'ont aucune vertu ; où il ne reste quelque vertu qu'à ceux qui n'ont point de force : d'où il arrive que parmi les coupables prétentions des premiers, au milieu de l'inutile opiniâtreté des seconds, entre ceux qui veulent tout détruire et ceux qui veulent tout conserver, il s'élève une lutte violente et funeste, dans laquelle les premières victimes sont ceux qui osent parler de cette modération qui, après vingt années de massacres et d'horreurs, devient l'inutile repentir du grand nombre et l'unique désir de tous. Justice éternelle ! c'est donc par des malheurs que tu indiques au peuple la route de la sagesse, et combien il en coûte d'avoir oublié un instant les préceptes de la vertu !

» Philolaüs opposa encore pendant quelques jours la prudence, et son nom jusqu'alors respecté. Mais les novateurs le trouvaient trop énergique; les amis de l'ancien gouvernement le trouvaient trop faible : il n'était que modéré. Les plus audacieux parmi les premiers poussent un cri qui l'accuse de tyrannie. Tel est la nature du vulgaire dans les grandes agitations politiques, que ce cri accusateur est pour lui la preuve la plus convaincante. Tous répètent : *Périsse le tyran !* Ses amis ne peuvent plus le défendre : Philolaüs est arrêté et traîné en prison.

» Mais pendant que la populace d'Héraclée courait comme forcenée, qu'on ne voyait dans les rues de la ville que des cadavres et du sang, que l'on n'entendait que les cris du malheur demandant pitié, et ceux de la fureur qui menaçait de destruction, tout était désolation, deuil, frayeur, et ne présentait qu'un spectacle universel de mort. Philolaüs, dans sa prison, était assis au milieu de ses amis, attendant avec tranquillité sa destinée. Son ame était calme comme le sommet de la montagne autour de laquelle mugit la tempête. La fureur insensée, la crainte, la lâcheté, n'arrivaient pas jusqu'à lui.

» Ses amis pleuraient, et il les consolait. Quelques-uns lui proposaient de fuir, et sans doute il y avait quelque moyen de le sauver; mais il répondit toujours : Je ne saurais abandonner ma patrie, même lorsqu'elle est ingrate: il n'arrivera jamais que Philolaüs, pour sauver quelques derniers jours de sa misérable existence, fasse à ses concitoyens le plus grand des maux que leur puisse faire un homme qui pendant toute sa vie a toujours été juste, en leur donnant l'exemple de désobéir aux lois; exemple qui serait d'autant plus funeste, que l'opinion qu'ils ont de la justice est plus grande. Croyez-vous que soixante années de vertu ne m'imposent pas des devoirs que peut-être tout autre n'aurait point à remplir?

» D'autres lui proposaient de se donner la mort pour éviter ainsi l'opprobre et les tourmens dont les scélérats le menaçaient; mais il répondit : Vous n'êtes ni plus forts ni plus justes que les autres. *

» Nous voulons nous tuer pour ne point mourir, insensés que nous sommes ! Me parlez-vous de tourmens ? Eh ! que pourront-ils, si ce n'est de me faire mourir plus vite ? Me parlez-vous d'opprobre ? Il y a déjà quarante ans que je ne travaille qu'à rendre mes opinions indépendantes du vulgaire ; et après quarante ans vous me diriez : Toi qui as su toute ta vie mépriser les rumeurs de la populace, toi contre qui elle n'a jamais eu le courage de former une accusation, tu changes aujourd'hui de principes et tu donnes au vulgaire sujet de te mépriser, en lui montrant que ta vertu est si faible qu'elle ne sait pas résister à son opinion !

» Croyez-vous qu'il m'eût été difficile de gagner les esprits de cette multitude versatile ? Vous la voyez aujourd'hui toute en fureur contre

* Philolaüs écrivit un ouvrage sur *l'Immortalité de l'ame* et sur *le Suicide* (*Histoire* de Meiners). — Dans ce discours on retrouve tous ses principes que l'histoire nous avait conservés. On y développe aussi les principes d'Architas sur la vertu et sur le bonheur. *Voyez* le fragment que nous a conservé *Stobée*.

moi : il n'y a pas vingt jours, elle dépendait entièrement de ma volonté. Si j'avais condescendu à ses désirs insensés, je serais encore l'arbitre d'Héraclée. Mais je n'ai pas voulu acheter la faveur du peuple par le sacrifice de ma vertu; et vous tous vous m'avez applaudi, parce que vous croyez qu'une loi éternelle m'attache à la vertu.

» Eh bien, mes amis, la même loi m'oblige à conserver la vie! Ce n'est point là volonté d'un magistrat, ou d'une assemblée, ou d'une seule ville : c'est la loi de la cité, la loi des Dieux, la loi de l'univers. Cette vie dont nous jouissons n'est pas un bien dont il nous soit permis de faire l'usage que nous voulons. Avant d'être citoyen de Crotone ou d'Héraclée, j'étais né citoyen du monde. Avant que les Héracléens m'eussent nommé leur *Éphore*, les Dieux m'avaient déjà assigné une autre place dans leur cité, et en me donnant la vie ils m'avaient dit : Voilà ton poste, Philolaüs, restes-y comme un soldat bien discipliné, jusqu'à ce que ton supérieur te rappelle!

» Que dirai-je à mon supérieur quand ayant abandonné sans ordre le poste qu'il m'avait assigné, je me trouverai en sa présence? Il me semble déjà l'entendre me demander : Pourquoi, Philolaüs, n'es-tu pas demeuré plus longtemps dans le lieu où je t'avais placé? — J'ai craint la mort. — Ne t'y avais-je point destiné? Elle venait d'elle-même; elle était le signal de ton rappel. — J'ai redouté les maux de la vie. — S'ils étaient insupportables, ils produisaient la mort. S'ils ne la donnaient pas, ils étaient supportables. — J'ai craint l'infamie. — Tu y es tombé toi-même, quand cette seule fois tu as cédé au vulgaire.

» Croyez-moi, mes amis, il ne serait pas si facile de répondre à ce juge, qu'il l'est de répondre aux Héracléens. Qu'aurai-je à lui opposer, sinon des préjugés ou des opinions? car ce ne sont que des opinions et des préjugés, tous les maux et tous les biens qui pourraient nous porter à enfreindre ses décrets. Dites-vous à vous-mêmes : de tout ce qui arrive pendant que nous sommes ici à raisonner, et qui dérange tous vos esprits : Tout cela n'est-il pas hors de moi? Oui, tout est hors de moi; et cette mort qui me menace, et ces tourmens qui ne peuvent que donner la mort. Je ne sens rien : quand tout cela sera en moi-même, je serai heureux. Pourquoi donc, pourrait me dire le juge éternel, veux-tu chercher hors de toi ces maux que je ne t'avais pas destinés? Et pourquoi viens-tu me donner pour motif de ta désobéissance les maux que tu t'es créés?

» Les Dieux nous ont donné tout ce qu'il fallait pour nous rendre heureux, en nous donnant la sagesse, afin de distinguer ce qui est en nous de ce qui est hors de nous. * Ensuite ils nous ont donné la vie pour exercer la vertu, but unique vers lequel les Dieux règlent toutes choses. Quand finit en nous l'obligation de vivre? lorsqu'il ne reste pas même l'espérance de donner aux autres l'exemple de la vertu.

» Mais nous autres hommes nous ne voyons point ce but unique que les Dieux se sont proposé dans l'ordre universel; nous ne comprenons pas pourquoi ils font souffrir si souvent l'innocence, et comblent les scélérats d'un bonheur apparent. Plusieurs personnes soutiennent que la justice divine est tardive; plusieurs autres disent

* Ce fut aussi la maxime fondamentale des Stoïciens. *Voyez* les maximes d'Epictète.

qu'il n'en existe point. Les hommes sont prompts à se venger, parce qu'ils craignent que l'offenseur échappe à leurs coups. Les Dieux, au contraire, à la justice de qui nul méchant ne peut échapper, voient les biens et les maux dans toute l'immensité de l'espace et du temps; et ils disposent de la punition du coupable de manière qu'avant de la recevoir, il produise tant d'autres biens, qui n'auraient jamais existé si la justice l'avait frappé lorsqu'il a commis le premier de ses crimes. *

» Les peines arrivent toujours à temps quand il s'agit de punir les scélérats, parce que les maux sont toujours insupportables pour celui qui n'est point vertueux. Ils sont d'autant plus pesans que l'oubli de la vertu a été plus loin. Le crime long-temps heureux n'est qu'un plus long préparatif que les Dieux disposent ainsi pour rendre la punition plus sensible.

» Les Dieux livrent, au contraire, le corps et les événemens de l'homme vertueux aux caprices de la fortune, afin qu'ils servent de motif d'émulation ou de consolation à la vertu des au-

* PLUTARQUE, *de la vengeance tardive des Dieux.*

tres. Homme vertueux qui es dans l'infortune! pourquoi ces larmes? tu ignores la destinée que les Dieux t'ont réservée. S'ils t'avaient fait le don d'une vie ordinaire, semblable à un soldat mercenaire, tu resterais au poste le plus obscur, et tu mourrais sans que d'autres s'aperçussent que tu y manques, sans que jamais personne se souvînt de toi. A présent ils te placent là où le besoin est plus grand, où l'on ne place que les braves. Ils veulent donner par toi un exemple de vertu à plusieurs siècles. Achève ton entreprise. Pourquoi demandes-tu cette obole pour laquelle les autres vendent leur ame et leur vie? Ta récompense est bien plus grande.

» Ainsi parla Philolaüs. Sa femme arriva; elle conduisait par la main ses deux jeunes fils. Sa fille, plus âgée, courut se jeter aux pieds de son père et les arrosa de pleurs. *Lève-toi, ma fille*, lui dit-il en l'embrassant, *console-toi; tu n'as pas perdu pour cela la faveur des Dieux.* Les amis de Philolaüs demandèrent à sa femme quelles nouvelles elle avait du jugement de son époux. Elle ne répondit rien, et s'approcha des murs de la prison, où elle resta immobile, muette, fixant sur son mari des yeux pétrifiés, sur lesquels les larmes s'étaient desséchées.

» Un moment après on vit entrer l'exécuteur accompagné de ses satellites. Philolaüs se lève pour aller à leur rencontre, tend ses bras pour les faire attacher, et, se tournant vers ses amis, dit : *C'est la dernière fois que vous me verrez chargé de fers!* Sa femme sort de sa léthargie et se précipite sur lui. Il l'embrasse et dit ensuite à Archilaüs : *Prends soin de la douleur de mon épouse; sois à la place de Philolaüs, et répète toujours à mes enfans qu'il n'est pas difficile d'être vertueux.* Arrivé au lieu du supplice, il dit à ses amis qui l'accompagnaient : *Faites pour moi un sacrifice à Jupiter, afin qu'il pardonne à ma patrie l'erreur de mes concitoyens.....* et il expira. »

FIN DU TOME PREMIER.

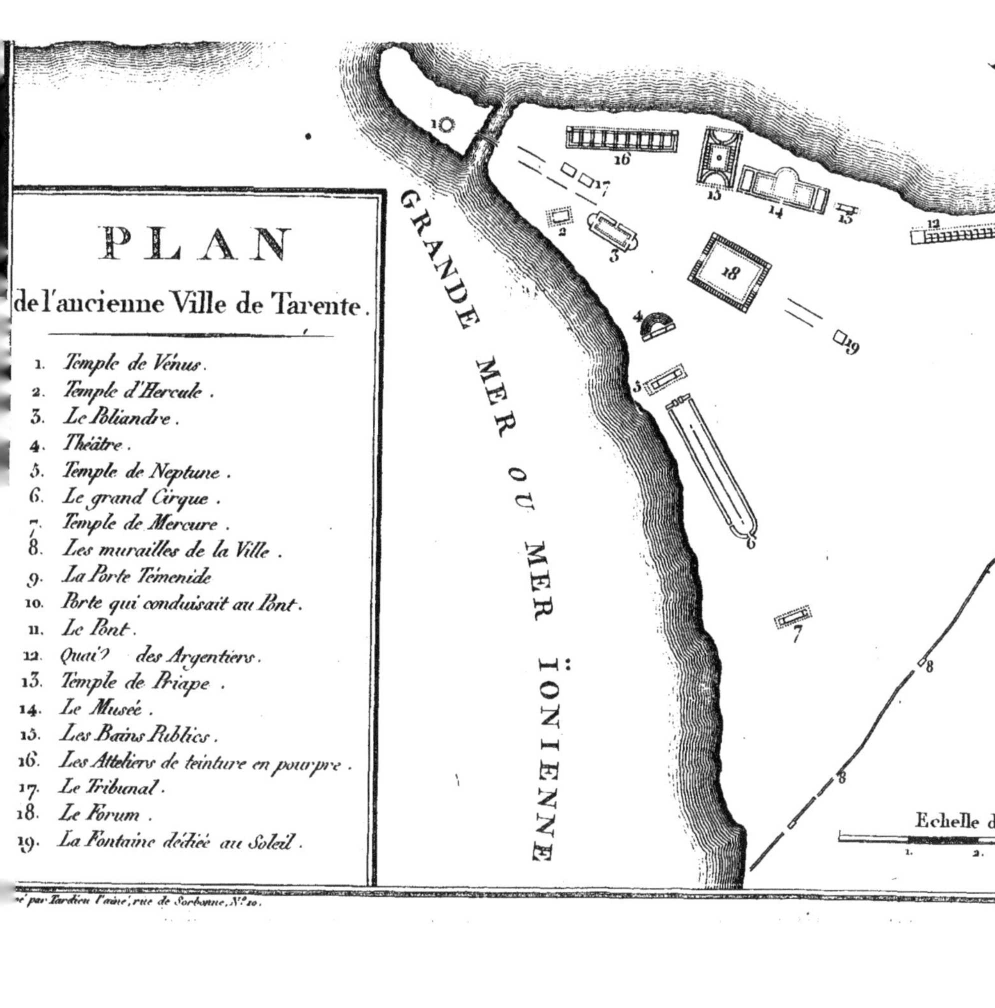
PLAN
de l'ancienne Ville de Tarente.
1. Temple de Vénus.
2. Temple d'Hercule.
3. Le Poliandre.
4. Théâtre.
5. Temple de Neptune.
6. Le grand Cirque.
7. Temple de Mercure.
8. Les murailles de la Ville.
9. La Porte Témenide
10. Porte qui conduisait au Pont.
11. Le Pont.
12. Quai? des Argentiers.
13. Temple de Priape.
14. Le Musée.
15. Les Bains Publics.
16. Les Atteliers de teinture en pourpre.
17. Le Tribunal.
18. Le Forum.
19. La Fontaine dédiée au Soleil.
GRANDE MER OU MER IONIENNE
Echelle de
1. 2.
é par Tardieu l'aîné, rue de Sorbonne, N.° 10.

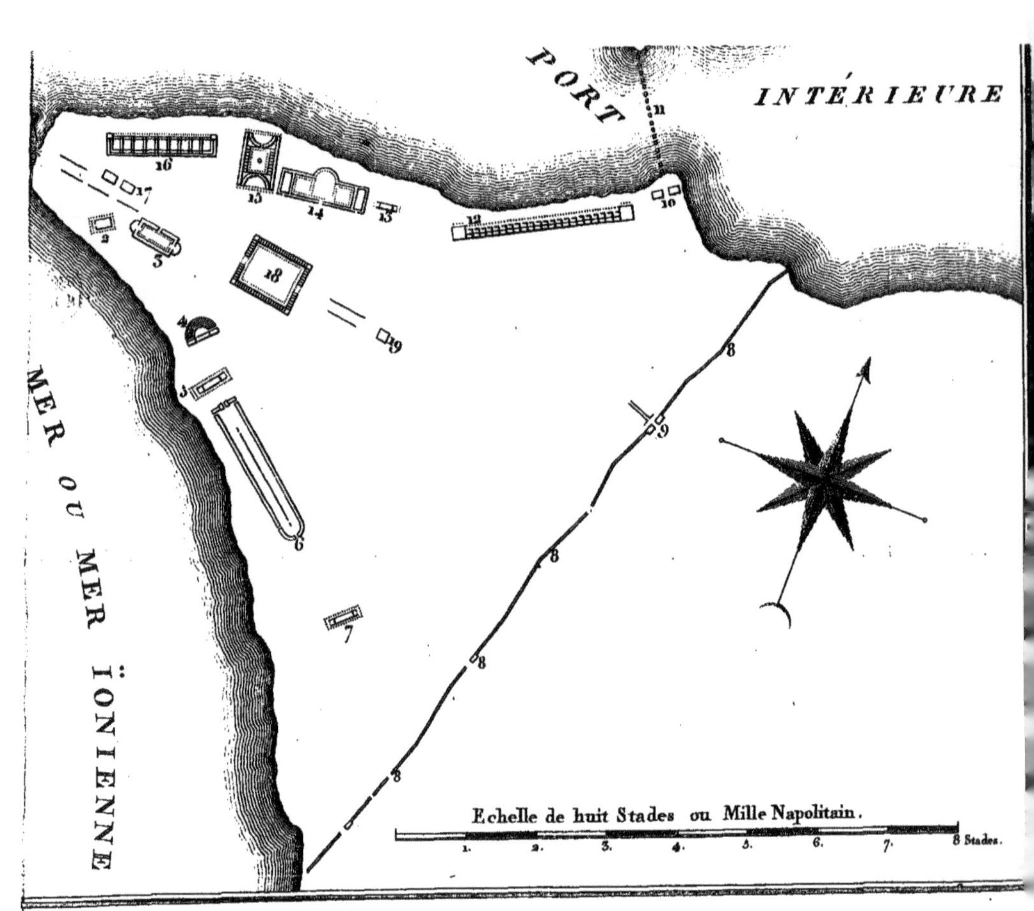

PORT
INTÉRIEURE
MER OU MER IONIENNE
Echelle de huit Stades ou Mille Napolitain.
1. 2. 3. 4. 5. 6. 7. 8 Stades.

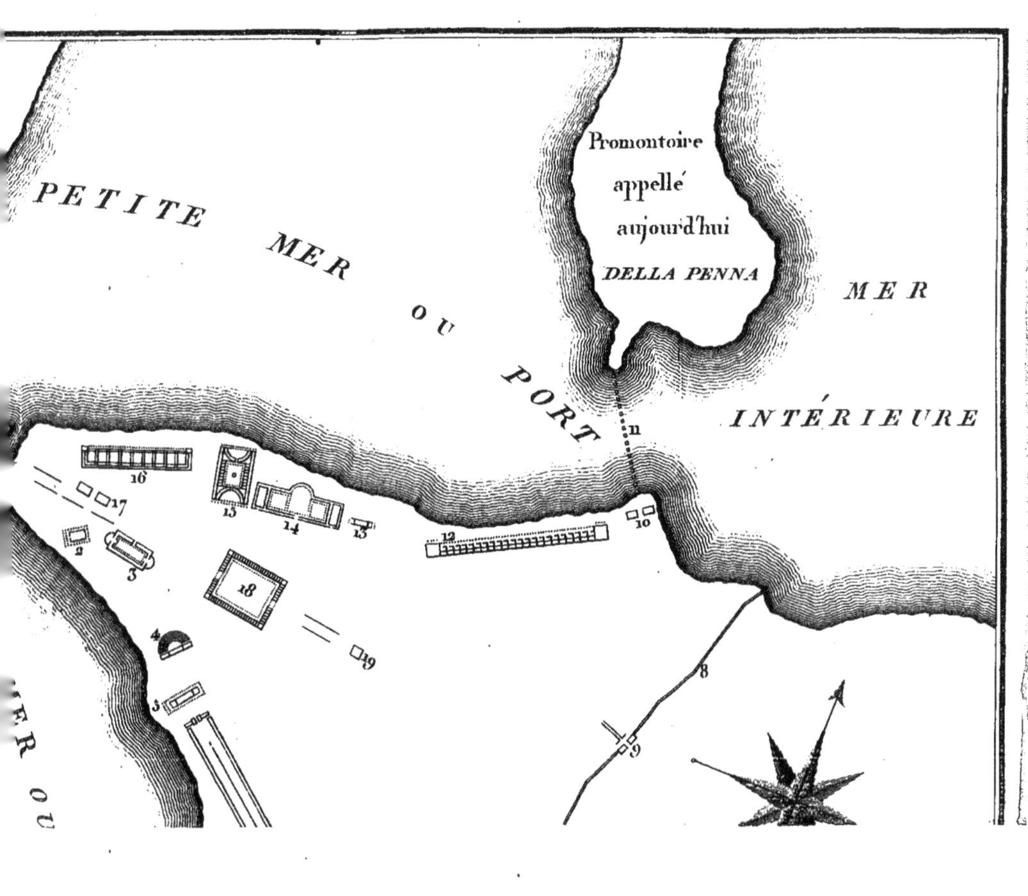

PETITE MER OU PORT
Promontoire appellé aujourd'hui
DELLA PENNA
MER INTÉRIEURE
MER OU

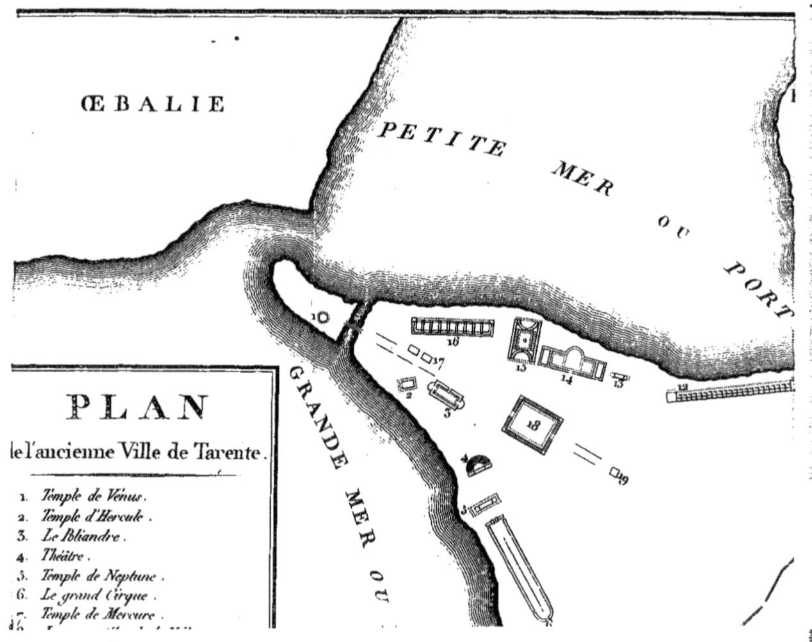
ŒBALIE
PETITE MER OU PORT
GRANDE MER OU
PLAN
le l'ancienne Ville de Tarente.
1. Temple de Vénus.
2. Temple d'Hercule.
3. Le Poliandre.
4. Théâtre.
5. Temple de Neptune.
6. Le grand Cirque.
7. Temple de Mercure.

TABLE

DES CHAPITRES CONTENUS DANS CE VOLUME.

Pages.

FIN DE LA TABLE.

www.ingramcontent.com/pod-product-compliance
Ingram Content Group UK Ltd.
Pitfield, Milton Keynes, MK11 3LW, UK
UKHW020119240726
13926UKWH00011B/2199